# 不累

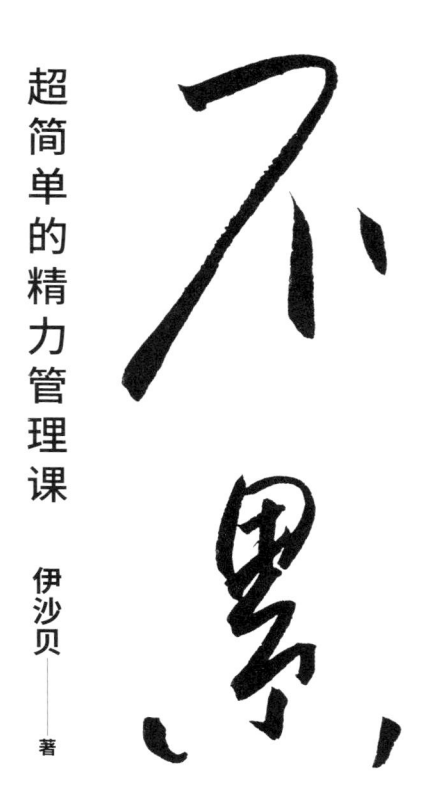

## 超简单的精力管理课

伊沙贝 —— 著

中国原子能出版社　中国科学技术出版社
· 北 京 ·

图书在版编目（CIP）数据

不累：超简单的精力管理课 / 伊沙贝著 . —北京：中国原子能出版社：中国科学技术出版社，2024.1
ISBN 978-7-5221-3070-5

Ⅰ . ①不⋯ Ⅱ . ①伊⋯ Ⅲ . ①自我管理—通俗读物 Ⅳ . ① C912.1-49

中国国家版本馆 CIP 数据核字（2023）第 207140 号

| 策划编辑 | 赵　嵘 | 文字编辑 | 童媛媛 |
|---|---|---|---|
| 封面设计 | 东合社·安宁 | 责任编辑 | 付　凯 |
| 责任校对 | 冯莲凤　焦　宁 | 版式设计 | 蚂蚁设计 |
| 责任印制 | 赵　明　李晓霖 | | |

| 出　　版 | 中国原子能出版社　中国科学技术出版社 |
|---|---|
| 发　　行 | 中国原子能出版社　中国科学技术出版社有限公司发行部 |
| 地　　址 | 北京市海淀区中关村南大街 16 号 |
| 邮　　编 | 100081 |
| 发行电话 | 010-62173865 |
| 传　　真 | 010-62173081 |
| 网　　址 | http://www.cspbooks.com.cn |

| 开　　本 | 880mm×1230mm　1/32 |
|---|---|
| 字　　数 | 170 千字 |
| 印　　张 | 9.25 |
| 版　　次 | 2024 年 1 月第 1 版 |
| 印　　次 | 2024 年 1 月第 1 次印刷 |
| 印　　刷 | 北京盛通印刷股份有限公司 |
| 书　　号 | ISBN 978-7-5221-3070-5 |
| 定　　价 | 59.80 元 |

（凡购买本社图书，如有缺页、倒页、脱页者，本社发行部负责调换）

# 前言

作为一名心理咨询师，我常常遇到来访者有类似的困惑：

"虽然什么都没做，但怎么感觉这么累呢？"

"晚上睡不着，早上起不来。"

"今天开会的时候，我居然打起了呼噜。"

"其实我每天都很自责，可就是没有办法行动起来。"

"我每年都兴致勃勃地列出一堆计划，可是每次都是三天打鱼两天晒网。我该怎么办？"

……

还有许多人把时间和精力都花在了内耗上，反复纠结、懊恼、后悔……

这些虽然不是严重的精神障碍，也没有什么特别的躯体症状，但就是会使人感到不适。

"难道我得了现在流行的'身心疲惫综合征'？"

其实，所谓的"身心疲惫综合征"不是病，而是一种精力告急的状态。

我也曾经是一个"身心疲惫综合征"患者，那时的我工作效率极低、状态极差，还有严重的拖延症。能躺着绝不站着，能不动就不动。不是故意偷懒，而是每天都感觉很累。

不累：超简单的精力管理课

大脑清醒，身体软弱，感觉自己无能为力，这种状态让我产生了深深的挫败感。

痛定思痛，我在深入研究之后发现，我们缺的并不是时间，而是完成任务的精力。所以，光靠时间管理是远远不够的，更重要的是要精力管理。

精力管理，既有"精"（大脑层面），也有"力"（身体层面），包括一个人是否能主动、全面地掌控自己的体力、专注力、意志力，是否有信心和能力去应对挑战和变化。这是一套建立在现代医学、营养学、运动科学、神经科学、进化生物学、心理学等科学基础之上的应用技术。实际上，这也是一种人人都需要学习的自我管理的能力。

很多人抱怨自己"年纪大了、精力不足"，而且这个论调有年轻化的趋势。

但事实上，我们可以看到，钟南山院士依旧精神饱满，奋战在一线；王德顺[1]依旧神采奕奕地在T台上走秀；梅耶·马斯克（Maye Musk）[2]依旧仪态万方、优雅从容；村上春树坚持每天跑马拉松和写作……

他们打破了我们对于年龄的迷思。关键不在于年龄，而

---

[1] 中国内地男演员、造型哑剧演员、人体艺术大师。——编者注
[2] 埃隆·马斯克的母亲，企业家、营养师、演说家。——编者注

在于精力状态。

就像每个人拥有钱的数量是恒定的，用法不一样，用后的结果和感受就不一样。我们的精力又何尝不是如此？随意虚掷光阴和科学管理时间的结果大不一样。想要有好的生活质量，我们必须要让每一分钱都花到关键点上。

这个快速发展的时代，要求我们每个人必须具备自我迭代的能力。那到底是什么导致人与人之间的差别越来越大呢？

想象一下，同时毕业的两个同学的情况：

一个：每天晚睡晚起，常常急匆匆地赶路，状态很差，会不自觉地打瞌睡，上班效率极低，工作完不成，每天都需要加班。下了班之后就累趴下了，根本没有精力去关注自己的兴趣、能力的培养……

另一个：每天早睡早起、神采奕奕，上班效率很高，完全不需要加班，下了班之后去健身，去参加兴趣小组、社会活动，拓宽了自己的知识圈和人脉圈……

试想一下，几年之后，两个人会有什么样的差别？谁会升职加薪？谁会碌碌无为？谁的幸福感更高？谁的生活满意度更高？

一开始各方面都相仿的两个同学，就这样一步一步、一天一天地拉开了距离。

你的状态，更像其中哪一个呢？

经过系统的精力管理训练，现在的我身兼数职，任务繁复，但都能游刃有余地完成，也帮助许多来访者走出了"身心疲惫综合征"，成了大家口中的精力管理达人。

其实，当掌握了科学使用精力的方法，你也可以保持精力饱满，成为精力管理达人。

人们常常向往自由：时间自由、财富自由、健康自由……其实，还有一个非常重要的要素——精力自由，精力是这一切的基础。在这个快速变化的时代，只有把精力管理好了，你才能到达你想去的地方。

在本书中，我们会谈到许多共性问题，比如：为什么我们的计划常常不了了之？会不会是因为我们内在的声音没有办法达成一致，导致无法行动？就像大象与骑象人的关系一样，我们以为骑象人说了算，没想到，大象才是决定者。如果骑象人所指的方向大象并不想去，那么它就会用各种各样的方式来表达它的抗拒。

因此，想要改变，关键在于了解大象真正想去的地方，与内在的"大象"进行沟通，探讨出一个彼此都愿意接受的目标。只有制订出计划、养成习惯，才能持续往同一个方向走，实现真正的知行合一。

本书中代表的兮兮展示了许多人普遍存在的状态。她就像一面镜子，让我们照见了某个部分的自己。

最后，我想说，本书是写给你的，希望你可以摆脱一直困扰你的低能量状态，找到调整精力的开关。

如果曾经是"身心疲惫综合征"晚期的我都可以做到，那你也一定可以做到。

# 目　录

**+10%**　绪　论　**从心开始，科学管理你的精力** –001

**+20%**　第一章　**自我探索**
　　　　　　　**——为什么懂那么多道理，依旧过不好这一生？** –005

　　一　走进潜意识：你真的想要改变吗？ –010
　　二　拥抱特质差异：找到自己的"说明书" –018
　　三　打开未来视角：你想要的生活状态是什么样的？ –025
　　助力小技巧 1："人生五样"帮你找到人生的重要意义 –031

**+30%**　第二章　**情绪管理**
　　　　　　　**——看不见的内耗正在悄悄毁掉你** –037

　　一　缓解焦虑，防止情绪内耗 –040
　　二　放松肌肉，你的身体会说话 –049
　　三　整理环境，向杂乱无章说不 –055
　　助力小技巧 2：情绪调节器——腹式呼吸 –061

**+40%**　第三章　**注意力管理**
　　　　　　　**——"什么？我 90% 的注意力都被浪费了？"** –069

　　一　时间记录：你的时间感可能并不准 –072

I

二　任务分级：把精力聚焦在关键输出上 -078

三　筛选信息，管好有限的注意力 -084

助力小技巧 3：注意力小练习，帮你集中注意力 -088

## 第四章　脑力管理
——我的大脑怎么又"短路"了？ -095

一　大脑转换器：三招让你迅速切换频道 -099

二　大脑加油站：十分钟冥想激活大脑 -106

三　大脑健身房：练就成长型大脑 -111

助力小技巧 4：制作"好感觉清单"，让大脑透透气 -122

## 第五章　饮食管理
——你吃进去的，真的是你需要的吗？ -133

一　科学配比，吃对了就不会累 -136

二　健康减糖，减少身体负担 -144

三　饮食有节，给肠胃减减负 -152

四　找回觉察，改变无意识的进食状态 -161

助力小技巧 5：了解饮食冥想，学着和食物谈恋爱 -165

## 第六章　体能管理
——什么也没做，为什么却感觉很累？ -171

一　纠正体态，站对了也会瘦 -176

二　见缝插针，让运动毫不费力地开启 -183

三　核心训练，增强身体控制力 –191
四　学会拉伸，用三分钟为自己充电 –198
五　找回平衡，掌控身心稳定性 –208

**80%** 第七章　**睡眠管理**
　　　　　——越睡越累，你睡对了吗？ –217

一　生理节律，我们不一样 –220
二　睡眠习惯，从心开始 –230
三　营造氛围，提升睡眠质量 –239
助力小技巧 6：舒眠瑜伽，让你安睡到天亮 –245

**90%** 第八章　**习惯管理**
　　　　　——意志力告急，我为什么总是半途而废？ –255

一　习惯塑造：自律行为的关键 –258
二　习惯设计：让小白也能拥有高手思维 –262
三　习惯养成：复杂事情简单化 –267
四　行为反馈，让习惯回路有始有终 –273

**100%** 后记 –281

# 绪 论
## 从心开始，科学管理你的精力

这里是心悦精力咨询中心。

兮兮，是第 1999 位来访者。

她略微有些激动地说：“我是真的真的想改变，我都不记得自己说了多少次要改变了，可是，设定了很多次目标，发了很多次誓言，但依旧没有办法行动……我的生活就像走进了死循环：设定目标，放弃目标，再设定目标，再放弃目标。我不知道要不要告诉自己，'算了吧，我不行的，我的人生可能就这样了吧'。

"之前上班的时候，每天都觉得疲惫不堪，什么都不想干，就想瘫着不动。明明什么也没干，但就是觉得累，经常觉得脑子像生锈了一样转不动。

"现在我失业了，有时间了，每天刷刷手机，时间就过去了，可这样感觉更累……我现在 35 岁了，这是一个尴尬的年龄。虽然很多人说年龄不是问题，但这种状态是个问题，是种从内而外的累，说不出来，但渗透到每个细胞。我不知道您能不能理解？"

我点点头说："那你先填个表吧，我们来看一看你的具体表现，这样我们才能有针对性地进行调整。"

兮兮看着症状表，吐吐舌头，开始打钩。

- ✓ 危机管理（救火队）
- ✓ 信息过载
- ✓ 拖拖拉拉
- ✓ 缺少他人协助
- ✓ 办公空间凌乱
- ✓ 缺少反馈
- ✓ 缺乏自律
- ✓ 未排定工作事项的优先顺序
- ✓ 管理跨度太大
- ✓ 不会拒绝
- ✓ 缺少规划
- ✓ 错误太多
- ✓ 感到沮丧
- ✓ 不务实的时间预估
- ✓ 没有聆听
- ✓ 凡事自己来
- ✓ 决策草率
- ✓ 埋怨别人
- ○ 牵涉太多人（安排太多的人做同样的事）

除了牵涉太多人这一项，其他的基本上兮兮都勾选了。

"看来你确实需要精力管理。精力管理与心理咨询略有不同，主要面向处于亚健康状态，但还未达到心理障碍标准的人群。它会针对你的症状来解决问题，并需要你在日常多多练习，只有这样你的精力状态才会有所改善。所以，你确定现在要开始吗？"我对兮兮说。

兮兮点点头："好，那就试试吧。"

水里的鱼,羡慕自由的天空。

天上的鸟,向往浩瀚的海洋。

最后,

都在陆地上,

一起比赛,

看谁跑得比较快。

# 第一章
CHAPTER1

## 自我探索

——为什么懂那么多道理,依旧过不好这一生?

今今翻开教材，居然看到一张既熟悉又陌生的脸。

定睛一看，原来是自己。

教材的第一页，嵌了一面镜子，上面有一行字：

你了解自己吗？

今今对着镜子点点头，又摇摇头。

了解？说的是对身高、体重的了解？还是对星座、血型的了解？

不了解？好像还有那么一点儿了解。

很了解？那就不用到精力管理学院这里来了。

或许，这就是最熟悉的陌生人吧。


大家见过冰山吗？

冰山常常只露出一角（图1-1），绝大部分会藏于水面下。船只常常因为觉察不到冰山的存在而发生意外，号称"永不沉没"的豪华游轮泰坦尼克号，在它的首航中就撞上了冰山，永远地沉没了。

图 1-1 冰山

人类的意识也像一座冰山，我们能觉察的、"露出水面"的部分是意识，它只占大脑活动的 3%~5%，真正神秘莫测的，是隐藏在水面下的冰山，也就是潜意识，占了大脑活动的 95%~97%。

你有没有发现，大脑里面常常有几个不同的声音，有的源于意识，有的源于潜意识。意识是明线，潜意识是暗线，人们常常以为是明线在起作用，殊不知起决定性作用的是那条暗线。

如果潜意识并不想改变，那你就会找很多的理由说服自己不改变，例如："我必须准备好之后才开始行动。如果失败了会非常丢脸。别人会怎么议论我？我还不如不行动。"甚至，你会"催眠"自己去接受和适应这样的状态："其实我就是这样的人，这样也没什么不好的。"

我们拖延、纠结、犹豫且动力不足，很重要的原因是我们对自我不够了解，对潜意识觉察不够，导致目标不够清晰、明确，让自我的力量四处分散和消耗。需要改变的关键点是让"潜意识意识化"，让"冰山"浮上来，也就是我们要明确自己内在真正的需要。

我们总是觉得生活一地鸡毛，想不断向外寻找解决方案。寻找良医，寻找灵药，却苦寻不得。

在你想要放弃时，试着和自己静心交流，电光火石间，也许那些困扰你许久的问题就会迎刃而解。那时你会发现，自己才是最好的老师，解答问题的钥匙一直在你手里，只待你的开启。

这一课，我们将目光收回到自己的身上，从自我探索开始。

> 在看到自己所写的文字之前，我对自己的所思所想并不是十分了解。"
>
> ——小说家　弗兰纳里·奥康纳
> （Flannery O'Connor）

# 一　走进潜意识：你真的想要改变吗？

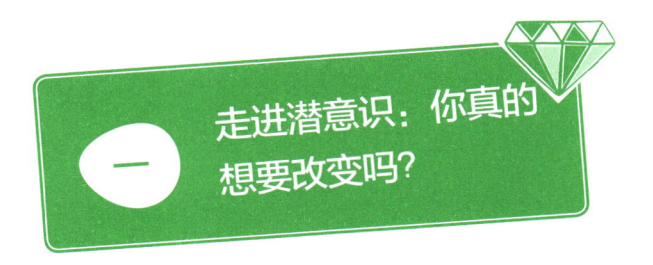

## （一）觉察：你是不是根本不想改变？

兮兮说："领导交给我的任务本来有一个月的完成期限，但每次我都拖到最后一天的晚上才开始做。结果第二天我头昏眼花，汇报效果也很差。其实，我每天都在自我谴责，没有一天轻松过。"

她焦虑的眼神，紧皱的眉头，就像很多来访者一样，"其实，道理我都知道，我不是不想做，就是做不到"。

在来访者中，有不少人是被家人连哄带骗，半推半就而来咨询的。很多时候，是亲戚、朋友、伴侣和领导觉得这个人应该改变，可是别人觉得"他应该改变"是不起作用的。不是谁应该改变，谁就会改变，而是谁不舒服，谁自己决定改变，谁才会改变。

这种不舒服的感觉是一个触动点，会刺激我们开始行动。生活没有变化，或许是因为这种不舒服的感觉不够强烈，没有使你产生强烈的动机去改变目前这种困窘的生活状态。

心理学中有一种说法叫作"症状获益"，许多症状的存在会带来某种程度的好处，因此才保持了下来。

你有没有想过，你在现在的症状中收获了什么？

## （二）自由书写，倾听潜意识的声音

"你有试过自由书写吗？"

兮兮摇摇头。

### 1. 自由书写

自由联想是精神分析的主要方式之一，自由书写是一种非常适合入门的自由联想方式。它的作用在于让潜意识意识化，帮助我们绕过大脑的"监控"，厘清自己真实的想法。

简单地说，自由书写就是在有限的时间内以不停顿、不判断和不修饰的方式将所思所想写下来。这种方式通常被用于激发自己做事的动力，或者发现某些没有被自己注意到的想法。

开始的时候，思绪或许非常凌乱，那是因为我们在内在的自我探索、自我表达方面还比较欠缺。当你不断地去探究自己内在的需求和感受后，真实的自己就"浮现"出来了。自由书写不需要咬文嚼字，越白描越好。把感受直接写出来，让情绪清晰可见。看见它、面对它、处理它，然后放下它。

自由书写的先驱娜塔莉-戈德堡（Natalie Goldberg）提道，"自由书写不是一般的'写作'，不是那种需要正襟危坐的写作。自由书写，其实是一种修行，它像'禅修'，能帮助你静心，让你看到自己的内心"。

自由书写并不需要挑地点、挑时间和看心情。你只要有一个笔记本、一支笔，随时随地都可以写。这是一种自己跟自己亲密对话的方式。你在说给自己听。如果可以的话，试着找个没有人的地方把写的念出来。此刻，文字会变得生动起来，当你重新体验它的时候，会有新的觉察和新的理解。

## 2. 体验

现在，你有 20 分钟的时间，在这段时间里，没有任何限制，让自己的思路自由扩散，如果不知道写些什么，你可以写"我不知道该写什么……"，然后，再继续往下写当前的所思所想。

## 第一章 自我探索——为什么懂那么多道理，依旧过不好这一生？

记得不要把笔挪开，只要把想法记下来就可以。不用担心言辞是不是优美，用词有没有意义，你的想法是不是无聊可笑……这一切都不需要担心，你也无须涂抹修改。

自由书写的目的不是写出一篇美文，而是在不做判断的情况下，了解自己的思维和情绪，看看有些什么样的故事在发生。

你可以根据自己想要改善的情况来自由书写。比如说你想了解为什么自己没有办法改变拖延，你可以写下"拖延的好处""不拖延的坏处"，看看你会想到什么。

你可以调整一下呼吸，放松一下身体，聆听轻柔的音乐。然后，在纸上写下你的想法……

或许开始写的几句还有些晦涩，慢慢地，笔好像有了生命，完全不受控制。

兮兮刚写下"我发现我每次一拖延事情就消失了……"，就突然意识到，她的拖延或许跟小时候的经历有关系。

有的来访者写道："每次积极做事就被领导批评，做多错多，马上行动太危险了，还是能拖就拖吧。"

"如果我成功了，那家庭怎么办？我能处理好这些问题吗？"

……

当你写下来之后，你就会理解自己的症状。

## 3. 重读

在写完之后，你可以找一个角落，再念一遍自由书写的内容。

> 兮兮找到一个墙角，小声地读着，读着读着，就红了眼眶。
>
> 兮兮分享时说道："我有一个非常强势的妈妈，动作快，性子急，只要我稍微慢一些，她就不停地催促我，或者就直接帮我完成了。慢慢地，我的拖延变成了习惯。日常生活中，我永远是那个拖延的人，工作中也是如此。如果是一些很着急的事情，领导会优先交给那些完成速度比较快、行动力比较强的同事，我就不用做了。于是，我就养成了在工作中给自己找各种理由拖延的习惯。"

这是很有意思的觉察，正所谓力量此消彼长，一方过盛，另一方就会偏弱。以另一种方式保持平衡，这或许是急性子家长和慢吞吞的孩子总是"成套"出现的原因之一。

通过自由书写，分分开始觉察到问题的症结了。拖延症对分分来说，曾经是有获益的，让她暂时躲避了内心的烦恼和恐惧，这给了她一个熟悉的理由，从而心安理得地不行动。

虽然不行动也会产生焦虑、令人自责，但是想到改变可能会带来负面影响，不如不改变。她一边在想象中获益，一边又在现实中被打击，左右拉锯，周而复始，日日循环。

### 4. 使用导语

开始自由书写的时候，你也许需要一些主题或者导语来辅助你更快地进入状态。

（1）比如，你可以用"××的坏处""不××的好处"作为开始。

如果想改变拖延，你可以写下"拖延的坏处""不拖延的好处"。

如果想审视自己和金钱的关系，你可以写下"有钱的坏处""没有钱的好处"，以此类推。

（2）比如，你可以用五感作为开始。

我看到……

我听到……

我触摸到……

我闻到……

我尝到……

（3）比如，你可以用音乐、书、电影当中的某个片段作为开始。

（4）如果你想更深入地挖掘你的生命故事，也可以写写曾经发生的故事，试着和自己的过往联结，去看看那个内在受伤的小孩，或是曾经美好的回忆。

看见是疗愈的开始。过往无法改变，但记忆和体验可以，当我们重新审视过往的经历时，也是在给自己一个重构记忆和体验的机会。

（5）你可以试着和你的家族联结，写写你的父母，写写你的家族故事。

> 今今说："写着写着，我就开始理解我为什么会这样了。"

当你带着好奇去探索，那些尘封的记忆会慢慢变得丰富而立体起来，或许你就更能理解这些故事的成因，找到自己生命的原动力。

当你已经熟悉自由书写的方式之后，无须导语和主题的辅助，就可以很快地进入自由书写的状态了，写着写着，答案自然就呈现出来了。

## （三）一场向内的旅程

自由书写是一场向内的旅程，让你收回自己始终向外探索的视线，向内寻找原动力。在你的过往中寻找资源，这也是书写的疗愈力量。

一些看似偶然出现的状况，其实和潜意识的抗拒是有关系的。潜意识会用各种各样的方式来提醒我们，去觉察内心真实的想法。这个探索潜意识的过程就像是拆盲盒，让人又爱又怕又期待，却也没有什么捷径可走，你只能不断地面对自己。当我们捞起漂浮在意识表面的东西，就会看到深藏在潜意识当中的真实。

这个过程也是在帮你认识自己。过去的旧方法没有错，那是当时的你能想到的最好办法了。现在你已经长大了，需要有更好的适应方式。只有直面现实，问题才会迎刃而解。

一旦你开始觉察自己的潜意识和想法，想明白自己缺什么、要什么、愿意付出什么的时候，精力管理的第一步才算开始了。

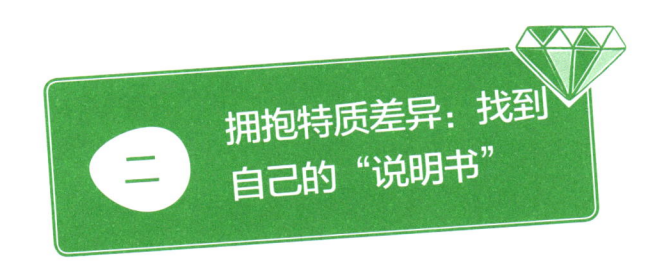

## 二 拥抱特质差异：找到自己的"说明书"

> 兮兮说："我特别希望像她一样精力满满，每天像打了鸡血似的亢奋，好像从来都不会累。可是我总是做不到，这让我充满了挫败感。"

大家心目中有没有一个目标人物呢？希望有一天可以变成像他那样的人。

或许是本着"缺什么补什么"以及"人定胜天"的原则，大家常常会选择一个离自己比较遥远的对标人物。"慢郎中"想对标"惊急风"，"林黛玉"想变成"王熙凤"。

但我们也发现，这种期待往往难以实现。这不是我们有问题、不够好，只是我们选择了错误的对标对象。

如何训练猴子上树？有没有什么好办法？

可能有人会说用食物诱惑，用异性吸引，用鞭子抽它，或者爬一次示范给它看。

这不就是我们培训中常常用到的方法吗？奖励法、惩罚法、示范法……可这些真的有用吗？

我们以为有用。

但大家有没有考虑过，猴子天生就会上树。你稍加指引，不需要奖励、惩罚、示范它都能上树。

下一个问题是，如何训练大象上树呢？

此时奖励法、惩罚法、示范法还有用吗？

我们以为有用。这也是许多培训的误区，认为大象做不到是因为不够努力，只要死磕不放弃，就一定能上树。

但如果你是大象，又何必在你不擅长的爬树这一项上死磕，去跟猴子一争高下呢？去做更适合你自己的事情就好啦！

因此，你首先要知道你是谁，是猴子还是大象。

你要先找到自己的"说明书"，了解哪些是我们相对稳定并且难以改变的，比如我们身上不同于他人的特质，了解哪些东西是可以通过练习获得的，比如我们的行为习惯。

每个人本身的气质类型是不一样的。心理学家将人分成四种不同的气质类型：胆汁质、多血质、黏液质、抑郁质。看上去似乎有些抽象，如果用液体来形容的话，胆汁质就像是水蒸气，多血质有点儿像凝结的水滴，黏液质就像稠得化不开的咳嗽糖浆，抑郁质就像是凝结的冰块。

这里的气质不同于一般意义上的"这个人很有气质""这个人气质很好"。

气质类型没有好坏之分，主要受生物特性影响，会对个人的行为速度、强度、灵活性等方面产生影响，是我们与生俱来，相对稳定且难以改变的部分。不论活动内容、场合、兴趣、动机如何，我们都稳定地显示同样性质的特点。

比如，在同一个会场里，你会发现有的人很好动，坐不住，就像椅子上有钉子一样，也有人不喜欢说话，喜欢静静地待在一个角落，这都是受气质影响的结果。

《西游记》中的师徒四人，就各自代表了一种典型的气质类型。胆汁质的猴哥，多血质的八戒，黏液质的唐僧，抑郁质的沙师弟，这四种类型各异的人完美地结合到了一起。

胆汁质的猴哥直率热情、精力旺盛、反应速度快、行动力强、外向、爱憎分明、进取心强……李逵、鲁智深都是这种类型，常常会表现出像打了鸡血似的亢奋。

需要注意的是，这一类类型的人虽然思维敏捷，但准确性差，有时会过分自信，易冲动、脾气急躁。

胆汁质人主要的"效率课题"是：提高精确度，避免返工（表1-1）。

表1-1 胆汁质人效率指数

| 序号 | 效率指标 | 效率指数 |
| --- | --- | --- |
| 1 | 灵活性 | ★★★★ |
| 2 | 稳定性 | ★★★ |

续表

| 序号 | 效率指标 | 效率指数 |
|---|---|---|
| 3 | 持续性 | ★★★ |
| 4 | 精确度 | ★★ |
| 5 | 速度 | ★★★★★ |

多血质的八戒，我们经常说它好吃懒做、好色，但其实换一种说法，这也是享乐主义的体现。这种类型的人通常活泼好动、反应敏捷、富于幻想、富有创造精神、适应性强、善于与人交往。在一个团队里面，这类人常常充当"开心果"的角色。可以想象一下，若取经途中没有八戒，会变得多么沉闷。

需要注意的是，这一类型的人注意力容易不集中，常常粗心大意，做事缺乏持久性与毅力，属于常立志，但不立长志的类型。

多血质人主要的"效率课题"是：要注意持续性和专注度，避免半途而废（表1-2）。

### 表1-2 多血质人效率指数

| 序号 | 效率指标 | 效率指数 |
|---|---|---|
| 1 | 灵活性 | ★★★★★ |
| 2 | 稳定性 | ★★★★ |
| 3 | 持续性 | ★★ |

续表

| 序号 | 效率指标 | 效率指数 |
|---|---|---|
| 4 | 精确度 | ★★★ |
| 5 | 速度 | ★★★★ |

黏液质的唐僧是一个典型的完美主义者，目标感非常强。比如西天取经这个目标，只要确定了，他就会排除万难去实现，顽强、坚定、安静、稳重且沉着踏实，生活规律，心境平和，自制力比较强。因此，这一类型中很多人成了企业家和领导人（表1-3）。

需要注意的是，这一类型的人有时太沉默寡言，情绪不外露，比较固执，不够灵活，难以迅速适应环境变化。

因此，黏液质人主要的"效率课题"是：多锻炼灵活性，避免太过僵化而导致效率低下。

表1-3 黏液质人效率指数

| 序号 | 效率指标 | 效率指数 |
|---|---|---|
| 1 | 灵活性 | ★★ |
| 2 | 稳定性 | ★★★★★ |
| 3 | 持续性 | ★★★★★ |
| 4 | 精确度 | ★★★★ |
| 5 | 速度 | ★★★ |

抑郁质的沙师弟，这一类型的人看起来内向沉默，但

实际上内心非常丰富，也就是大家常说的"闷骚"型。其实，抑郁质人通常非常细心、谨慎，感情细腻深刻，想象力丰富，善于觉察到别人容易忽略的细节，并且办事稳妥可靠（表1-4）。

很多作词人都是这一类型的，如方文山、林夕等。这类人平时沉默寡言，但从作品中可以感受到他们丰富多彩的内心世界。

需要注意的是，这一类型的人有时会思虑过多、孤僻、行动缓慢、过于敏感等。有时，即使别人没有恶意，他们也会因为自己的过度敏感而感到受伤。

抑郁质人主要的"效率课题"是：增强行动力、提升速度。

表1-4 抑郁质人效率指数

| 序号 | 效率指标 | 效率指数 |
|---|---|---|
| 1 | 灵活性 | ★★★ |
| 2 | 稳定性 | ★★★★ |
| 3 | 持续性 | ★★★★ |
| 4 | 精确度 | ★★★★★ |
| 5 | 速度 | ★★ |

从内外向程度来看，胆汁质人和多血质人比较外向，对他们来说，认识朋友是一件很容易的事情，出去打个水，买个东西，就能认识新的朋友。

从速度看，如果这四种类型的人相约出去吃饭，最先冲出门口，不停地催促的，一般会是胆汁人或多血质人；一直磨磨蹭蹭出不了门，出了门又忘带钥匙、钱包的，很可能就是黏液质人或抑郁质人了。

从专注程度看，黏液质人和抑郁质人更喜欢深入研究，因此常常会成为某一领域的专家，而胆汁质人和多血质人更擅长涉猎不同领域，成为资讯达人。

大部分人可能会混合两到三种气质类型，但总有一种是特别典型的，就像香水的主调一样，是生活当中的主旋律。

气质类型没有什么好坏之分，每一类型都有自己的独特气质，就像猴子很难变成大象，大象也很难上树一样。虽然气质类型难以改变，但是你可以根据自己的类型发展出最适合自己的方向。没有不合适的人，只有没放对位置的人。只要在对的位置上，每个人都能散发出无限的光彩。所以，前提是要找到自己所属的类型，再寻找相应的目标。有针对性地进行设计，才能事半功倍。

> 梦想无论怎样模糊，总潜伏在我们心底，使我们的心境永远得不到宁静，直到这些梦想成为事实。"
>
> ——林语堂

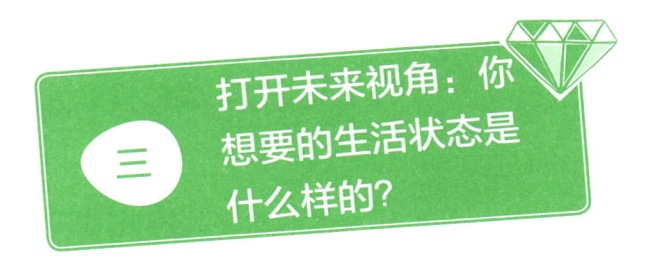

## 三　打开未来视角：你想要的生活状态是什么样的？

你有没有听到内心深处的一个声音："这是我想要的生活。"

有的人听得很清晰，信号满格，接收顺畅；有的人听到的声音很细微，只有午夜梦回的时候才能听到一丝轻声述说。

你呢？听到这个声音了吗？

如果听到了，你会怎么做？是仔细聆听，然后接纳，还是充耳不闻？这个声音很执着，它不会消失，而是会用各种方式提醒你。往远了说它叫作梦想，往近了说它叫作目标。

说到目标，不少人的回答是：

"我要变成有钱人。"

"我要环游世界。"

"我要多读点儿书。"

"我要减肥。"

但是，如果再问细一点儿，有些人大概率就回答不出来了。比如，拥有多少钱算是有钱人？你准备什么时候成为有钱人？

## 1.SMART 原则

在制定目标时，有一个基本的衡量标准——SMART 原则，即目标需要具备以下属性。

S（specific）——明确的。说不出的做不到，说不清的做不好。有时候，目标无法达成并不是因为执行不力，而是因为目标制定得太过含糊。只有用明确、具体的语言清楚说明想要达到的效果，才能制定一个恰当的目标。比如，想要生活更幸福，自己心中的"幸福"究竟指什么呢？这是一个把目标具体化的过程。

M（measurable）——可量化的。看看你的目标是否可以通过某些方式予以衡量。例如，想要减肥，体重秤就是非常好的衡量工具；想多读点儿书，阅读量可以作为一个衡量标准。

A（attainable）——可实现的。目标应该是切实可行的，既不过易，也不过难。在设定目标时，应该考虑个人自身条件和现实情况，同时也要确定自己是否具备实现目标所需的能力和资源。例如，你现在的年收入是 2 万元，你想要一年内实现年入千万元，这就比较困难。基本的原则是选择跳一跳就能实现的目标。

R（relevant）——相关的。看看你的目标是否与个人的价值观、生活状态、职业规划等相关因素一致，同时也要看看是否与其他目标有一定的联系,以避免与其他计划发生冲突。

T(time-bound)——有时限的。制定目标需要设定一个明确的完成期限,以促进行动计划的制订和实施。例如:想要环游世界,你准备在什么时间内达成这个目标?

一个合格的目标,以上五点缺一不可。

此外,也有来访者说,感觉大脑中只有一团迷雾,想不出什么目标。

那可以试试用生涯幻游的方式来进行初步探索。

## 2. 生涯幻游

三毛曾经说过:"一个人至少要拥有一个梦想,有一个理由去坚强。心若没有栖息的地方,到哪里都是在流浪。"

去"看看"梦想,会让行动变得更加坚定,生涯幻游就是一种很好的"看见"梦想的方式。在这个过程中,你可以找一个你觉得舒适的姿势,先调节呼吸,深深地吸气,慢慢地呼气,让身体逐渐放松下来,想象自己躺在一个你觉得最舒适的环境当中,头顶有一束光,照得全身暖暖的,跟着这道光,走进时光隧道,来到十年后的世界。仔细想象十年后的场景,越仔细越好……

这种方法可以让我们基于未来视角,想象十年后的某一天,具体化这一天你的工作、生活场景,了解你想要的生活状态是什么样的。尽管这个世界瞬息万变,但我们向往的生活状态保持着一定的稳定性。

就像旅行时设定目标一样,找到了十年之后要去的地方,那五年之后,你会在哪里,在做什么呢?三年之后呢?两年之后呢?一年之后呢?下个月呢?……

很多伟大的目标都是这样制定出来的,即先明确目标,然后倒推出实现目标的步骤和方法,再一步一步去执行。

前提是,你知道自己要去哪里。

## 3. 写下梦想清单

根据刚才生涯幻游的场景,我们可以写下自己的梦想清单。因为梦想是人生的灯塔和航标。有了它,我们才不会迷失徘徊,并拥有清晰的前行方向。

写梦想清单的时候,有以下几个小技巧。

(1)正向表达。在写梦想清单的时候,避免使用否定性词语。因为大脑很神奇,会直接跳过"不"字,误以为这是你的梦想。比如你说"我不要变穷",大脑只会深深地记住了"穷"。

你现在试着"不要"去想房间里有一只白色的大象,千万"不要"想。

怎么样?有没有发现你的脑海里充满了白色的大象。

所以,我们在描述梦想清单的时候要用正向的方式表达,这样可以给自己积极的暗示。比如,"我不要长胖"的效果就没有"我要减掉5千克,拥有紧致的身材"的效果来得好。

(2)具体描述。很多人会说"我想要自由!",可是怎么样才算是自由?是财富自由、行动自由还是言语自由?尽量让自己的想法更加具体。

(3)用完成时态表述。用完成时态来表述自己的梦想,就像它已经发生过一样。这可以让你更有信心,相信自己有实现它的能力。将这颗种子种在你心中,想象它已经开花结果的画面,然后再努力让梦想照进现实。

(4)加入自己的感受。在描述梦想时可以加入自己的感受,用感受来传达对梦想的热爱和激情,例如,"我很兴奋地在瑜伽进修中心练习瑜伽",这可以让描述更加鲜活、生动。

这4种技巧都让梦想清单越来越生动。

现在,让我们一起来制定梦想板。

## 4. 制定梦想板

兮兮好奇地问:"梦想板又是什么?"

从目标可视化理论来看,以图像的形式展示,可以将目标更清晰地传达给大脑,并激发个体的动力和行动。梦想板正是基于这一理论提出的，它是一种通过图片、文字、引言和其他可视元素展示个人梦想、目标和愿望的工具。

视觉化的方式可以帮助个人集中注意力于梦想和目标，增强积极情绪和动力，提高生活满意度。

通过制作梦想板，人们可以更清晰地感受到梦想中的细节，让梦想变得更加明确，从而增加梦想实现的可能性。

记得，梦想要锁定目的地而非途径，如果真的想要到达目的地，你会想尽办法去到那个地方。

下面我们一起来动手制作梦想板吧。

你可以打开音乐，调整呼吸，让身心完全放松下来，开始制作梦想板。

我们可以找一个白板设计一下它的整体编排。先贴一个大背景图，然后再贴一些细节图，空白的地方可以贴上可爱的卡纸装饰，这能让你的梦想板更独一无二。

先一页页地随意翻看杂志图片，当看到让自己有所触动的图片的时候，就用剪刀把图片剪下来，剪得越多越好。

不用担心图片中的内容与自己多不相关，只要把自己喜欢的、能够打动自己的图片包括标题剪下来就好，全部放到一边。

好好享受查阅和翻看的过程，你还可以考虑给一些图片配上你想要的句子或短语，尽情发挥你的创意。

确定好布局后，你就可以开始把图片粘贴到梦想板上，带着期待和兴奋的心情，好好享受粘贴的过程。

粘贴好后再写一些句子或短语，你还可以根据喜好增加一些装饰或者是花边，只要你喜欢就好。

最后，把你的梦想板挂在你每天能够看到的地方，也就是最显眼的地方，比如门上、电脑桌上、床头、镜子旁边……

到这里，你的梦想板就初步制作完成了。

当你每天被你的梦想板所包围的时候，你周边的世界也会开始慢慢改变，变得和你梦想板中设计的越来越像。

当然，实现梦想的过程不会是一帆风顺的，会有很多坎坷和挫折。很多时候，我们是在潜意识中就对于实现梦想缺乏信心，才导致自己无法进一步行动。

当你每天面对梦想板时，你会不断地提醒自己要朝着目标迈进。这时，梦想板可以潜移默化地作用于你的潜意识，让你更加坚信自己的梦想，增强实现梦想的决心和行动力。

## ▌助力小技巧1："人生五样"帮你找到人生的重要意义

"钱多事少离家近，睡觉睡到自然醒，数钱数到手抽筋……"兮兮说，"我好像什么都想要，怎么办？"

在信息庞杂的社会，我们每天都会接触大量的信息并听到杂音，这些信息扰乱了我们的思维，一不小心就会让我们迷失方向，忘了自己真正想要的是什么。

值得注意的是，那些困扰我们生活的作息不规律、人际关系复杂、难以拒绝他人要求等问题，很有可能源于我们并不清楚自己真正想要什么。因此，我们需要不断厘清自己的想法，不断审视和澄清自己的内心世界，找到心中真正看重的价值和信仰，筛选出我们真正想要的东西，并学会过滤那些无关紧要的信息和干扰。

要如何看清自己的内心世界呢？我们不妨通过一个小游戏来探寻自己的潜意识中的想法，挖掘自己内在真正渴望的东西。

第一步，请先请准备好纸和笔。

找到一个安静的位置，先闭上双眼，逐渐调节自己的呼吸。深深地吸气，慢慢地呼气，让身心逐渐放松下来，让呼吸变得平静，肩膀自然下垂，让思绪变得平静下来。

现在，睁开双眼，在白纸的中间写上你的名字，比如"×××的五样"，这代表着是你为自己做出的决定。

好，请你在纸上快速地写下你生命中最重要的五样东西。

这五样东西可以是实际存在的，也可以是虚拟的；可以是人，也可以是动物，甚至可以是空气；可以是精神追求，也可以是物质享受；可以是爱好和习惯，也可以是目标和理想……总之，你可以天马行空地想象，只要把你心中认为最珍贵的五样东西写出来就是了。

你脑海里涌现的念头都可以提笔写下。跟随你内心的感受，不必过多地思考，最先涌出的想法必然有它存在的深刻理由，你只需要把它记下来。

写好了吗？如果写好了，我们开始第一步。请认真地审视一下这五样东西，这是你在各种各样复杂的选项中精心挑选出来的五样东西，它们或许是你心灵的寄托和生命意义。

这五样东西你都非常看重，可是，要知道，人生充满了意外，总有些不得已的状况，你不能全都得到。

第二步，你需要放弃五样当中的一样。

请你拿起笔，在你的"人生五样"中划掉一个，注意，不是轻轻地划，而是重重地划掉，直到完全看不清字迹。这个过程可能会有些痛苦和纠结，但请尽量地慢，充分感受这个舍弃的过程。

好了，经历了失去的痛楚，你现在只剩下四样最重要的东西。

命运的残酷还不止于此。现在，它又向你发起挑战。现在又有一些不得已的情况。

第三步，你需要在剩下的四样当中再放弃一样。请重重地把它划掉，直到完全看不清字迹为止。请尽量地慢，充分感受这个舍弃的过程。

好了，请从失去的痛苦中暂时脱离出来，你还要继续前行。

然而，命运对你的捉弄还没有停止，现在你又遇到了人生的重大变故。

第四步，你需要在剩下的三样最珍贵的东西中再选择一样放弃。不管你有多少怨言和不情愿，请重重地把它划掉，直到完全看不清字迹为止。请尽量地慢，充分感受这个舍弃的过程。好了，经历了失去的痛楚，你现在只剩下两样最重要的东西。

可能当下你会觉得人生太难了，但这就是生活的常态。眼前这两样，已经是我们在众多选择中精挑细选，无论如何都舍不得放弃的两样。

到这里，你可能猜到了后面的故事。

是的，最后一步，你还需要从仅剩的两个挚爱中再放弃一个。请重重地把它划掉，直到完全看不清字迹为止。请尽量地慢，充分感受这个舍弃的过程。

此时，你的纸上只剩下了一样东西，这就是你最宝贵的东西。它是什么？

你看到的这个排序，其实也是你潜意识当中的人生优先排序。请把它记下来。在目标不够坚定、无所适从的时候，你可以再想一想，到底哪一样才是对你而言最重要的东西。

这个排序会变吗？随着生活的变化，或许会有一些调整，但大的方向基本上是稳定的。当然，随着时间和外界诱惑的增加，我们需要不断地去澄清和确认。

每个人的排序不同，选择也不同。选择冒险和选择稳定的人，做出的决定大概率是不一样的。

> 兮兮说："我的口头禅是'不自由，毋宁死'，我曾经以为自己最看重的是'自由'，但在排序的时候，我才发现当我面临最后的'自由'和'健康'两个选项时，我没有选择'自由'，而是选择了'健康'。与'健康'有关的事，都会让我动力十足。满足最核心的需求后，有条件了，再一步一步地把其他需求加回来。比如'自由'，比如'快乐'。"

小游戏，大人生，当不断去确认自己内在想法的时候，你无论如何都不能放弃且愿意为之付出行动的那一样东西就会浮出水面。它会让你的目标更加清晰，让你的生活更有动力，让你的效率更高。

一个好的触发点是行动的第一步，你准备好了吗？

没有一种批判比自我批判更强烈，也没有一个法官比我们自己更严苛。

——罗伯特 - 戴博德
（Robert de Board）[1]

[1] 畅销书《蛤蟆先生去看心理医生》作者。

# 第二章
CHAPTER2

## 情绪管理

——看不见的内耗正在悄悄毁掉你

请大家来觉察一下，自己的情绪还好吗？

如果用一个词来形容你此时的情绪，你会用什么词呢？

在健康的四大要素里，包含了平衡的情绪、充足的睡眠、均衡的营养和适当的运动。情绪问题常常是咨询中的"重头戏"，它的影响力无处不在，好像一只无形的手掌控着我们的生活。

那些让我们辗转反侧的情绪其实不过是信使，提醒我们注意情绪背后的问题。当情绪不被看见、不被觉察、不被释放的时候，它甚至会以攻击免疫系统的方式来提醒我们。比如，不少女性有乳腺和子宫方面的问题，其实或多或少都跟情绪有关系。所以，不要忽略情绪给我们的提醒，先去仔细听听它的"声音"。

我们常常会说是别人的问题，是环境的问题……所以我的情绪才……如果这样想，我们就把自己情绪的控制权交到了别人手里。其实，情绪状态是可以通过自主训练来调整的。如果人的大脑是一台电视机，那么每个人手里都会有大脑这个电视机的遥控器,你可以选择要不要切换频道。

本章让我们把注意力集中到自己的身上,试着掌握自己情绪的控制权,成为自己情绪的主人。

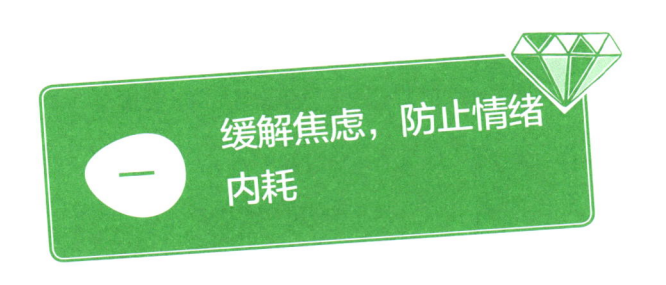

## 一、缓解焦虑,防止情绪内耗

分分说:"我总是焦虑。早上还没睁开眼睛就开始纠结是跑步还是做瑜伽,是出门跑还是在跑步机上跑,反复纠结、衡量、斟酌……大脑就像进入了迷宫一样,转来转去转不出来。最后,我什么也没做,却在大脑当中上演了一出大戏。我又开始责备自己为什么要这么浪费时间,周而复始。"

这是分分的日常,或许也是大家的日常,那些想要行动的小火苗就这样在自我挣扎里熄灭了。

《罗辑思维》主讲人罗振宇说:"我贩卖焦虑?人人都有

的东西我卖给谁？"

随着生活节奏越来越快，竞争压力越来越大，空气中好像都弥漫着焦虑的味道。

困扰我们的常常不是事情本身，而是焦虑的情绪。

有的人问，这是病吗？其实，大部分人的焦虑只是焦虑情绪，远没有达到心理障碍的程度。焦虑和其他的情绪一样，可以缓解，但不能被彻底抹杀。随着你的生活变化，不同时期会有不同的焦虑，这种状况或许会伴随你一生。

所以，要做好心理准备，我们终将和焦虑共存，并且也必须学会和焦虑共存。其实，焦虑未必是件坏事，在我们遇到危险时，本能会害怕，担心，紧张，恐惧，呼吸、心跳加快，骨骼肌肉变得紧张或胃肠道受到抑制，全身所有器官系统在大脑的支配下开始重新分配资源，这是自我保护机制在发挥作用。

在原始时代，只有拥有紧张、害怕的能力，才能够减少暴露的危险，所以，焦虑有着非常重要和积极的意义，而且是必须具备的。

这个时代充满不确定因素，适度焦虑可以促使我们不断进步、减小受伤概率，当然，如果焦虑症状严重，影响你的生活质量和工作状态，或者身体有明显的不适，那就需要寻求专业人士的帮助了。

有的来访者说自己焦虑，可问到具体事情却常常含糊其词、说不出来，多是"嗯，好像是……伴侣在外面有很多的诱惑""没有钱，世界变化太快""感觉刚才的表现不太好，担心刚才说的话是不是得罪了他……"等，并没有遇到具体的问题。

什么事情都还没发生，就开始眉头紧锁、头皮发紧或感到焦虑，这属于弥散性焦虑，简单地说，就是习惯性焦虑。

这其实是精神内耗的一种。

精神内耗，又叫心理内耗，也就是在心里自己和自己较劲、打架。

就像手机电池刚刚充满电，还没有用多久，就因为手机内部运行的程序太多，很快亮起红灯，宣告没电。

长此以往，人会感觉到非常疲倦。那些说不出的累并不是身体的劳累，而是精神上的消耗。

别人口中的轻描淡写，到自己心里就是悬疑大片："他为什么对我露出这个表情？他是不是讨厌我？""最近总感觉哪里不对劲，是不是要有坏事发生？""这件事我到底该不该做？做完之后会取得很好的效果吗？"

类似的自我攻击多了，会感觉非常焦虑，精力难以集中，但越是这样，攻击声就会越大，恶性循环，人会越来越焦虑。

所以，你需要去正视这些声音背后想要传达的信息。

> 兮兮说："最近胖了不少，每次都有一个声音说，去锻炼吧，练出魔鬼身材。可另一个声音说，算了吧，这么累干吗，开心就好啦。结果，肥也没有减，饭也没吃好。"

你有没有遇到过这样的情况呢？一个理想中完美的自己，一个永远也没有办法行动的自己，两个自己每天都在打架，像是两辆驶向不同方向的马车，不停地拉扯、撕裂，也许外人毫无觉察，但自己的内心已经上演了一出大戏，虽然表面平静，可内心已经累得不行了。

不同声音代表着我们内心深处的不同需求和渴望，它们时而协调和谐，时而冲突激烈。精神分析大师弗洛伊德把这几种声音称为人格结构中的本我、自我和超我。

本我，是人格中最早、最原始的部分，主要用来满足生理性冲动和精神欲望，遵循"快乐原则"。

自我，是本我跟超我之间的缓冲部分，是面对现实的我，通过后天的学习和环境发展而来，一方面控制本我的欲求，另一方面又在合理的范围内满足本我，遵循现实原则。

超我，是道德化的我，是人在儿童时代对父母道德行为的认同，对社会典范的效仿，是接受文化传统、价值观念、社会理想的影响而逐渐形成的。超我是我们应该怎么做的部分，自律就属于这一部分。

这三个部分的存在和相互作用，会导致我们接收到不同的声音和信息，当我们能够意识到这些声音的来源和影响，就更容易理解生活中的纠结，更稳妥地应对内心的干扰。

想要觉察自己内在的声音，可以践行以下两个步骤。

（1）自我观察。觉察自己的感受、情绪、信念和态度等内在的声音，从而更好地了解自己内在的状况，意识到不同的内在声音，学会分辨它们并做出反应。

你可以用"自我情绪记录清单"进行情绪和情绪变化的记录，它可以帮助你更好地了解自己的情绪状态、情绪变化模式和情绪表达方式，这有助于提高个人的情绪稳定性、促进心理健康，你也可以根据个人情况进行修改优化，让清单更符合你的需求。

### 自我情绪记录清单

日期：＿＿＿＿＿＿＿＿＿＿＿＿＿＿＿＿＿＿＿＿＿＿

时间：＿＿＿＿＿＿＿＿＿＿＿＿＿＿＿＿＿＿＿＿＿＿

情绪 / 情感：＿＿＿＿＿＿＿＿＿＿＿＿＿＿＿＿＿＿＿

触发因素（事件/行动/言语）：_____
对应行为/反应：_____
对应身体反应：_____
情感强度评分：从1（完全没有）到10（非常强烈）
_____
自我调控策略：_____
效果评估（针对自我调控策略）：_____
备注/感受：_____
总结：_____

（2）自我接纳。在面对不同的声音时，我们需要认识到这些声音之间的关系和差别。掌握自己的内心状态和情绪的活动规律，以积极的心态处理不同声音之间的矛盾和冲突点。

首先，我们需要承认内耗客观存在。不要试图逃避或者否认它。

其次，找出内耗点以及背后的信念。

比如，你是一个口渴的人，想要喝水。现在，你看到桌上有半杯水。

你出现的第一个念头是什么？

是非常的郁闷？心想："太倒霉了，我这么渴，就只剩下半杯水。"

还是感觉到非常的庆幸？心想："哇，我运气也太好了吧，居然还有半杯水，这是救命的水啊。"

又或者会产生深深的怀疑和焦虑，心想："这里为什么会有一杯水？水是干净的吗？真的能喝吗？"

同样一杯水，不同的内在模式，让人产生了不同的想法和行动。

合理的信念会让人们对事物产生适度的情绪和行为反应；不合理的信念则相反，往往会导致不良情绪和行为反应。

这就是心理学家阿尔伯特·埃利斯（Albert Ellis）所提出的情绪 ABC 理论（图 2-1）。

外界刺激事件 A，通过中间过程运作的机制（就是我们脑海当中对事件产生的信念 B），产生了不一样的情绪及行为后果 C。因此，如果信念 B 没有改变，我们的行为是不会发生改变的。

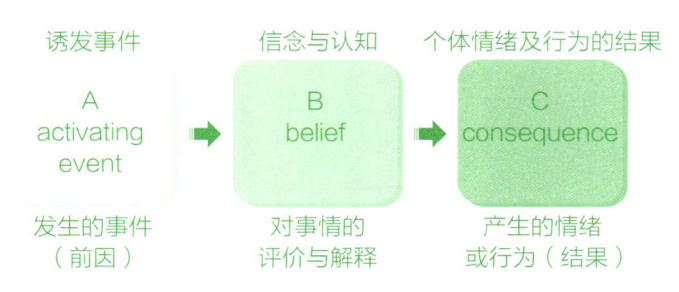

图 2-1　情绪 ABC 理论

不合理的信念包括以下三个方面。

（1）绝对化要求。认为事情必须按照自己的意愿发展，所以常常将"希望""想要"等词语绝对化为"必须"或"一定要"等词语。

比如："我一定要是最瘦的那个人！"

（2）过分概括化。这是一种以偏概全的思维方式。它常常把"有时""某些"过分概括化为"总是""所有"。

比如："我总是什么都做不好。"

（3）感觉糟糕至极。认为如果一件不好的事情发生，那将是非常可怕和糟糕的。

比如："如果我再胖一点，大家就会很嫌弃我。"

也有人称其为"大脑木马程序"，说的都是不合理信念。

为了应对不合理信念，埃利斯在情绪 ABC 理论基础上，又增加了 D（disputing）——用合理的信念驳斥不合理信念的过程，以及 E（effect）——驳斥成功，产生认知效果和新观点。

通过情绪 ABCDE 理论，我们可以发现自己的不合理信念。通过挑战自己的不合理信念，我们可以找到更加合理和有效的思维方式和信念，从而改变不良情绪和行为。

以分分为例。

诱发事件（A）：分分看到镜子里的自己。

信念与认知（B）：我一定要瘦下来才能感到快乐和自信。

个体情绪及行为的结果（C）：感到焦虑和苦恼。

开始辩证地思考这个想法（D），并询问自己以下问题。

真的是瘦下来才能感到快乐和自信吗？

会不会还有其他方法能感到快乐和自信呢？

……

通过思考，分分慢慢意识到，自己不一定非得瘦下来才能感到快乐和自信，也可以从其他方面获得这些情绪（E）。于是，分分的焦虑、内耗的情绪慢慢消退了。

最后，如果暂时还找不到更好的解决方案，那也不要把精力浪费在与问题的对抗上，因为对抗往往会带来更大的消耗。正如森田疗法创始人森田正马先生所说："带着症状去生活。"生活不应该因为症状的存在而休止，生活永远都在继续。对于陷于精神内耗的我们来说，行动就是最近的出口。

## 二　放松肌肉，你的身体会说话

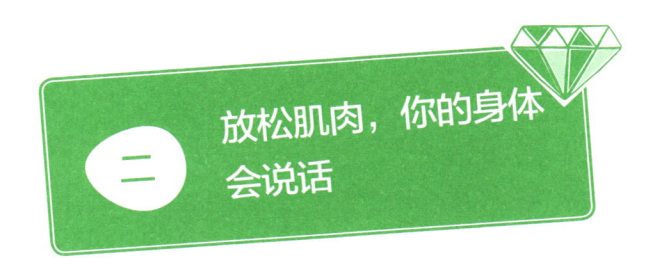

"你知道吗？身体会说话。"

体能教练说："你的后背非常僵紧，你最近是不是压力很大？"

今今吓了一跳，说："这也能看得出来？"

当然可以。

压力、焦虑、不安等都储藏在身体之中。身体就像一本心灵自传，忠实地记录着我们的所有情感、情绪和生命故事留下的痕迹。

很多时候，心理问题会导致身体问题，而身体问题也会反作用于心理。

就像世界心理卫生组织指出的，70%以上的人会以攻击自己身体的方式来消化已有的情绪。

比如焦虑会引发失眠、注意力不集中、记忆力下降、食欲不振、心慌、胸闷、头晕和头痛等状况。

同样的，身体的状态也会直接或间接地影响人的态度和情绪。

当我们进入某种情绪状态时，我们的身体会自然地进入一种相应的姿势状态。通过身体语言，我们可以感受到与之相对应的情绪能量，也就是通常所说的"相由心生"。比如，当我们感到紧张时，肌肉会不自觉地变得紧绷，身体长期处于这种紧张状态就会逐渐适应，变得更加难以放松下来。许多来访者说，时间长了，都快忘了放松是一种什么感觉了。

**兮兮问："调节身体是不是也可以改善情绪呢？"**

是的，正如医生埃德蒙·雅各布森（Edmund Jacobson）所说："当我们身体放松的时候，我们的精神是不会焦虑的。"对于不少长期焦虑的来访者而言，情绪是抽象且不可控的，从情绪开始入手放松是一件相对困难的事情。但是，身体是最外显且最容易控制的，因此从肌肉入手放松反而相对简单。

雅各布森还发明了一种放松技术——渐进式肌肉放松法，通过反复收缩和放松全身主要肌肉，人们可以体验到不同的紧张和放松感觉，从而更好地了解紧张反应并进行放松，最终达到身心放松的效果。

在不拉伤肌肉的前提下，尽量绷紧每一组肌肉群，保持

10秒后，即刻放松15—20秒，依序进行，渐渐地使全身的肌肉都放松下来，注意觉察紧张和放松时候的不同感觉。

现在，我们一起来感受一下。吸气，并尽量握紧拳头，感受手部肌肉的紧张，保持10秒后，呼气，手突然松开，体会紧张和放松的不同感觉。记得，放松肌肉时候要突然松开，充分感受肌肉突然一下变得软绵无力的松弛感。

在正式练习渐进式肌肉放松法的过程中，你可以使用腹式呼吸，慢慢地调节呼吸。让身体逐渐放松下来，深深地吸气，慢慢地呼气。

现在你可以尝试一下，吸气时额头肌肉尽量向上抬起，充分地绷紧，再绷紧，同时配合吸气，保持10秒，然后呼气放松。有感受到额头放松的感觉吗？这个动作可以重复做5次。

下一步，深吸气的同时，尽量皱起眉头，保持10秒，然后呼气放松。有感受到眉间放松的感觉吗？同样，这个动作可以重复做5次。

下一步，深吸气的同时，尽量张大嘴，保持10秒，然后呼气放松。有感受到咬肌放松的感觉吗？同样，这个动作可以重复做5次。

接下来，深吸气的同时，尽量地向上耸肩，保持10秒。然后呼气放松。有感受到肩膀放松的吗？这个动作可以重复做5次。

……

以此类推，放松全身从头到脚的肌肉。当身体放松下来，你会发现自己的情绪也很神奇地放松了下来。

你可以找一个舒服的位置，但尽量不要睡着，这有利于你体验完全放松的感觉。服装尽量宽松，摘掉不必要的饰品，避免在过程中受到干扰。你也可以先将放松步骤录音，跟随音频一起进入状态。

练习前，可以先审视自己的身体，找到重点区域。比如：焦虑的人常常眉头紧锁，所以会感觉额头肌肉非常紧绷，练习时，可以着重练习这个区域。

你可以参考使用"肌肉放松评估记录清单"，它可以帮助你更好地回顾训练效果，并在需要时进行调整。通过记录不同肌肉组在练习前后的状态变化，你可以更好地了解所需练习的关键点。

### 肌肉放松评估记录清单

练习前评估：从 1（非常紧张）到 10（非常放松）

日期：_____
练习时间：_____
练习地点：_____
练习时长：_____
练习次数：_____
练习效果评分：从 1（非常紧张）到 10（非常放松）
_____
紧张的肌肉组：_____
练习前状态：_____
练习后状态：_____
感受和体验：_____
练习过程中的感受：_____
练习结束时的感受：_____
备注或需要进一步处理的事项：_____

同时，通过对练习效果的评估，你会发现练习中需要注意的问题，并根据需要调整练习计划。

*今今说："感觉是很放松，可是我才放松到肩膀就睡着了。"*

如果你也遇到了这种情况，没有关系，或许是你之前肌肉太过紧绷了，或许是此时的你需要的就是睡眠，那就让自己好好休息一下吧。当你渐渐习惯之后，你会更好地进入状态。

在日常生活中，即使没有条件放松全身，也可以抽出时间进行局部肌肉放松练习，这也能带来放松的效果。

此外，瑜伽休息术也是一种很好的放松方法。通常在瑜伽体式练习结束后，会有 10 分钟的休息时间，老师会让学员平躺下来，通过导语带领学员一步一步放松身体。例如："想象自己在一个宁静、放松的环境当中……表情放松……嘴角放松……脖子完全放松……肩膀自然放松……整个后背完全放松……每一个部分都完全放松下来。觉察自己的身体还有哪里依然紧绷。当你去觉察它，它就立刻失去了力量，完全放松下来……"

这种想象松弛法也是逐渐放松肌肉的一种方式，它的作用远远不止放松身体，甚至比前面的瑜伽体式练习更重要，可以进一步强化心灵和身体之间的联系，调节情绪，缓解压力和焦虑，提高对身体和呼吸的掌控力。

然而，很多人在参加瑜伽课程时往往只专注于体式练习，忽略了最后 10 分钟的放松练习，这是非常可惜的。因为如果错过了这个环节，那么整个课程的效果将大打折扣。

所以，下一次的瑜伽课，试着完整地体验最后的瑜伽休息术吧。

> 从加法生活转向减法生活，
> 扫除自己内心的混沌，
> 断舍那些非必需的杂物，
> 还自己一个清澈澄明的心境。"
>
> ——山下英子

## 三 整理环境，向杂乱无章说不

你的房间整洁吗？

兮兮吐吐舌头："我的房间是有点儿乱，嗯，不止一点儿。偶尔也收拾，但很快又乱了，索性就不收拾了。"

环境和精力管理有关系吗？

有，并且非常大。

研究发现，混乱的环境会无形中削弱一个人的自我控制感。也就是说，房间越乱，你对自己的约束力就越低，你就更容易做出一些冲动、不理智的行为决策。

你的房间是整洁的还是凌乱的呢？

据观察，许多需要精力管理的来访者往往是房间凌乱的人。这些来访者的共同点是都有"习惯性拖延症"，生活零乱、无头绪，感到焦躁……常常感觉做了很多事情，但没有一件做好，甚至有些人对自己所处的环境没有意识，直到看到照片的时候才意识到自己处于如此凌乱的环境。

衣服随意堆放，桌子上杂物遍布，洗碗池里积攒着几天的脏盘子……虽然看起来这种凌乱的状态不会影响一个人的日常生活，但会对人的心境产生很大的影响。

很多来访者反思，每次自我管理失控，都是从房间整洁的失控开始的。没有做好那些看似无关紧要的小事情，最终会导致不自律。

原本以为整理太花时间，乱一点没关系，可以匀出更多的时间和精力做更重要的事。到最后才发现，只有有条理的生活才能让我们有更好的精力状态。

临床心理学家乔丹·彼得森（Jordan B. Peterson）提出你

需要"清理你的房间"。他认为，房间的杂乱不仅是表面问题，还反映了个人生活中的混乱和自我约束能力的不足。整理物品和环境，可以改变心理状态，增强自我约束能力，从而对生活和自我发展产生积极的影响。

一些研究也发现，房间整洁度对人的行为和心理有影响。在一项实验中，研究者将一组被试者置于整洁的房间中，另一组被试者置于杂乱的房间中，并进行自我控制能力的测试。结果表明，杂乱房间中的被试者在自制能力测试中的得分普遍低于整洁房间中的被试者。

研究还发现，不只是你看得到的部分会影响你，未被留意的环境也会潜移默化地影响你，而且这种影响更加深远，因为它是通过潜意识来实现的。环境通过潜意识给你暗示，你的大脑则会反作用于潜意识并影响周围环境。

大脑喜欢秩序，混乱的场景会时刻提醒大脑打起精神，不能放松。这不仅会消耗认知资源、降低专注力，由此带来的视觉干扰还会增加认知负荷，减少工作记忆量。

所以，人们常说，房间的状态就是你心的状态，整洁的环境提供了微妙的线索，引导人们无意识地做出自律的决策。

特别是在工作场所，杂乱会引起工作的负面情绪，降低工作满意度和效率。保持工作空间的整洁，不仅可以让人们感到愉快和安全，还能提高工作效率，减少事故发生率。

因此，整理与清洁不仅是一种生活态度，还是一种工作态度，能够对你的生活和工作状态带来积极的影响。

所以，想调整状态，有一种快速且有效的方式，就是调整你周围的环境和你所接触的事物。

如果你想调整自己的外部环境，那么可以先思考一下你想要的生活方式、你内心对于家的期望，越详细越好。

例如，你的家需要怎样的区域划分？

当你进门时，玄关是什么样子的？

鞋柜和挂衣架应该是怎样的？

客厅的布置是什么样的？

你的卧室有哪些独特的装饰？

你的书房是什么样子的？

厨房需要怎样摆放物品？

餐厅的布置应该是怎样的？

阳台上都有什么呢？

……

你可以根据自己家的具体情况并结合想象，逐渐形成清晰的画面。然后问问自己，为什么想要这样的生活环境。在你明晰了自己想要的生活环境之后，接下来就是找到操作方法的问题了。

在整理收纳这一领域中，有很多不同的方法和流派，我们可以根据个人的喜好来选择适合自己的方式。

例如，生活教练盖尔·布兰克（Gail Blanke）建议，从处理 50 个不需要的物品开始。比如，只剩一只的袜子、几年没穿过的衣服、已经干掉了的唇膏、无法辨认的钥匙、给你带来负能量的东西以及你不知道为什么留下的东西，你都可以扔掉。报纸、杂志这类纸制品不论多少都只能算一件。你可以为你留下的东西做一个清单。

日本收纳专家山下英子提到筛选标准是：必要、合适和愉快。断绝不需要的东西，舍去多余的废物，脱离对物品的执着。诚实地面对自己和物品之间的关系，当下不需要的东西尽管丢弃，这会让你更明晰自己的生活方式和风格。

另一位收纳专家近藤麻里惠提出的标准是：问问自己这个物品是否还能让你怦然心动。

你可以把东西先堆出来，然后亲自感受一下，对它还有没有怦然心动的感觉。你可能会发现被你遗忘许久的东西，你甚至都不记得它的存在。这也是将你的意识完全"翻出"的一种方法。如此，你就为自己创造了一个面对完整自我的机会。然后，用你的手去碰触每一件物品，去感受它。它令你心动吗？将你的心动物品和凑合物品分开，留下心动物品，丢弃凑合物品。

如果你仍然纠结，无法做出决定，那么最简单的原则就是：如果你现在得到一笔钱，你还会买它吗？这种方法看似简单粗暴，但却实用有效。因为你的内心深处一定清楚自己真正想要的东西是什么。通过整理，你的大脑会变得越来越清晰，感知力也会越来越敏锐。

物品不需要很多，但是每一件都是精选出来的，每一件都能让你心动。朋友其实也不需要太多，书籍、化妆品、首饰和衣物也是如此，留下能让你感到怦然心动的就够了。整理并不是要抛弃一切，而是精选出来每一件东西，好好珍惜，过足够少、足够好的生活。

如果你实在打不定主意，可以把物品打包放到柜子里，设定一个时间作为筛选节点。如果一年半载你都没有把它拿出来，你就应该很清楚它在你心目中的位置了。

很多人会发现，一次清理只能短暂地解决问题，很快自己就会再次陷入混乱之中。这是因为我们还没有养成整理的习惯。当你再次进行整理，就会比上一次更加简单、容易。随着不断地整理，你会发现，工作量越来越小，你已经逐渐将整理变成一种习惯。

分分复盘："在整理之前，我的房间总是特别凌乱，我从来不会让别人进我的房间。有时候我尝试了好几天，终于清理好了房间，可是只需要一秒就又乱了，索性我就不收拾了。

"课后我回去重新整理,把所有东西都堆了出来。地上、床上全部都是,而对它们,我连心跳改变都没有几次,更不要提什么心动了。

"整理再整理,一个星期整理出了七大箱的东西,可是房间居然还是满的。原来我的房间里堆了这么多让我无感的东西,那些并不令人心动的东西,也许我永远都不会使用了。我已经忘记了它们的存在,或许它们也从未让我感到过真正的喜悦。

"在最终放弃这些东西之后,我发现整理过的房间里的每一件物品都在闪闪发光。整理是令人上瘾的,完全停不下来。整理完的房间让人感觉清爽极了。我铺上丝巾,点上香薰灯,滴上几滴精油,简直想邀请小伙伴来聚会了。有时,改变或许真的是因为整理这件小事。原来,整理最终的目的,是让我明白自己真正需要什么。"

## 助力小技巧 2:情绪调节器——腹式呼吸

兮兮:"有没有简单、直接的调节情绪的方式呢?"

有，呼吸。

呼吸是我们与生俱来的本能，俗话说"人活一口气"，人可以几天不吃饭，但是无法10分钟不呼吸。从这个角度来讲，呼吸要比吃饭重要得多。人在吃饭的时候花了这么多的时间、精力，可你有好好关注过呼吸吗？

呼吸是维持身体生理系统正常运作的关键，人的大脑、心脏、肌肉、内脏等所有器官都要靠呼吸带来的氧气制造能量。我们每时每刻都在呼吸，一个正常人每天大概要呼吸20000次，只不过绝大部分情况下，呼吸无须刻意练习，甚至常常让人忽略它的存在。

呼吸不仅可以提供身体所需的氧气，也可以排出身体内的二氧化碳和其他废气。正确的呼吸方式可以帮助身体正常运作，缓解身体疲劳并放松情绪，从而减少心理压力。所以，呼吸方式会直接影响人的精力状态和情绪体验。

你可以评估一下自己常用的呼吸方式。你可以选择平躺或者是坐在凳子上，双手轻轻放在腹部，自然呼吸。如果双手起伏，那就说明你正在使用腹式呼吸。如果双手基本不动，反而是胸部起伏，那说明你正在使用胸式呼吸了。

*今今感受了一下："我就是胸式呼吸。"*

胸式呼吸和腹式呼吸有些什么区别呢？

## 1. 胸式呼吸

胸式呼吸是指主要依靠肋间肌肉上举肋骨，扩大胸廓，形成身体内外压力差，将空气吸入肺部的一种呼吸方式，可以进一步分为浅呼吸和深呼吸两种类型，二者主要通过使用不同的肺部容量和肌肉来实现（图2-2）。

胸式浅呼吸时呼吸幅度不大，呼吸节奏快，呼吸范围浅，通常只是在肺部上1/3处进出，没有完全利用肺部容量呼吸，呼吸次数多而且浅。正因为呼吸较浅，能够快速换气，方法相对简单，所以，大部分人都不自觉地采用胸式浅呼吸。

需要注意的是，浅呼吸看似方便快捷，但是不能很好地吸收氧气和呼出二氧化碳，比如我们紧张时，为了保证充足的氧气，呼吸通常会变成浅而快的胸式呼吸，由于换氧量不足导致呼吸急促，浪费了过多的能量在呼吸动作上，还可能会引起与焦虑相关的身体症状，如头昏、头晕、心悸和刺痛感等，是一种相对低效的呼吸方法。

所以，在瑜伽活动当中，老师会常常提示大家使用胸式深呼吸的方式，比如手放在肋骨下方，去感受气息充盈整个胸腔，这样会利用到更多的肺部容量，吸入更多的氧气和更有效地呼出二氧化碳，从而让身体更放松和舒适。

**腹式呼吸** **胸式呼吸**

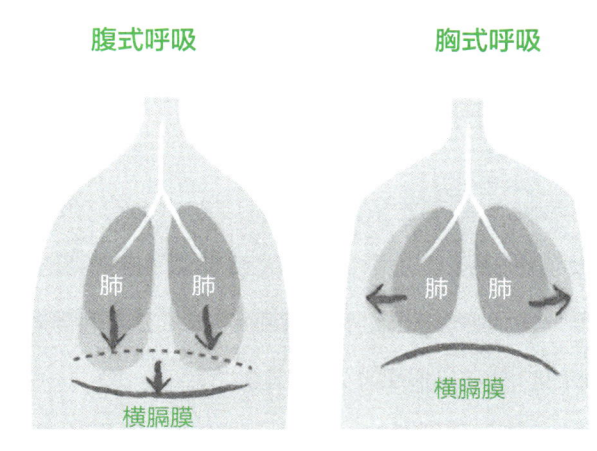

图 2-2 两种呼吸方法

## 2. 腹式呼吸

腹式呼吸主要通过膈肌（横膈膜）下压使胸腔扩大，形成身体内外压力差，空气能够进入肺部的位置更深，吸入的空气量更多，需要的时间更长。简单地说，就是呼吸时腹部也随之起伏。

腹式呼吸又分为顺腹式呼吸和逆腹式呼吸两种。吸气时腹部隆起，呼气时腹部向内收的方式，被称为顺腹式呼吸。吸气时腹部内收，呼气时腹部隆起的方式，被称为逆腹式呼吸。

在日常生活中，我们提到的腹式呼吸更多是指顺腹式呼吸，相比之下，逆腹式呼吸操作难度较大，最好在专业人士的指导下进行。

如果大家有留意过婴儿的呼吸，就会发现婴儿一吸气小肚子就像小气球一样鼓起来，一呼气肚子就瘪了下去，这就是一个非常标准的顺腹式呼吸。

腹式呼吸是人与生俱来的本能。其实在中国传统的养生法里，就强调气沉丹田，这说的就是腹式呼吸法。因此，腹式呼吸的关键是把气向下沉。

上班族往往长期久坐，气息难以下沉，胸式呼吸使用得更多，而且长时间用脑，使大脑的耗氧量很大，较易导致脑部缺氧，出现头晕、乏力、嗜睡等症状。

我们可以用腹式呼吸进行调节，通过膈肌的运动按摩体内的内脏器官，从而提高大脑和肌肉组织的供氧量，刺激副交感神经系统。这能让身体保持安静状态，增强身心之间的联系感。

几分钟的腹式深呼吸可以帮助你恢复身体平静，让大脑静下来，对缓解日常忧虑不安情绪的效果也非常好。

### 呼吸练习

步骤一：感受此刻自己的紧张程度，开始的时候，你可以把手放在腹部的位置，起到一个提示的作用。

步骤二：深深地吸气，将气息向下沉，感受到腹部像气球一样慢慢地隆起。

步骤三：屏住呼吸片刻，然后慢慢将气呼出，同时感受到整个腹腔都在向回收，腹部像气球一样慢慢地瘪下来（图2-3）。

**图2-3　吸气和呼气**

步骤四：慢慢吸气……屏住呼吸……慢慢呼气，以此类推，做20次。保持呼吸平稳、均匀，如果练习过程中感到头晕，暂停15~20秒，改用平常的方式呼吸，然后再继续练习。

步骤五：每次呼气时，可以默念一些让人放松的词语，比如"放松""安静"等，帮助全身放松下来。坚持一段时间后，只要说出这些词语就可以让身体处于更放松的状态。

这是一个简单的腹式呼吸练习。建议大家先掌握基础的腹式呼吸练习，打好基础，然后再去尝试其他不同的呼吸法。大家可以每天在固定时间练习，每次练习 5—10 分钟，至少坚持 3 周。

如果想要养成腹式呼吸的习惯，你还可以把腹式呼吸融入日常生活当中，比如，在睡前运用腹式呼吸放松全身，缓解压力和焦虑，这也有助于改善睡眠质量。在早晨起床时，用腹式呼吸开启能量满满的一天。行走、跑步或工作时都可以抽空练习腹式呼吸。此外，你也可以利用手机定时提醒，比如每小时设定 5 分钟的时间来练习腹式呼吸。

你会发现，通过学习调整呼吸方式，可以改善引起焦虑的生理反应，中止焦虑情绪的恶性循环，让呼吸成为内在的情绪控制器。

我们一生的时间,很大一部分被虚抛浪掷。我们无所事事,整个一生,几乎都没有用来干应当干的事。

——**卢修斯·阿奈乌斯·塞内卡**
(Lucius Annaeus Seneca)

# 第三章
CHAPTER3

## 注意力管理

——"什么？我 90% 的注意力都被浪费了？"

今今很苦恼:"都说鱼的记忆只有7秒,可我还不如鱼呢。我常常丢三落四,刚放下的东西,一转身就找不到了。明明话在嘴边,可就是想不起来。想找A,打开手机,看到了B,又看到了C……看了又看,好不容易放下手机,才想起来,原来我刚才要找的,是A。

"每天想做的事情很多,最后却一件都没有做。什么都想做,但什么都没有做好。我的注意力都到哪里去了?"

你有没有类似的状况?

每次假期都下定决心要早起,但总是躺在被窝里刷一天的手机,再用各种借口聊以慰藉。

拖延的工作、散漫的生活让心情越来越糟,积压的工作越来越多,对生活越来越提不起劲,于是把更多的时间耗费在网络娱乐中,继续逃避现实。

我们常常对自己缺乏自控力感到自责,事实上,我们面临太多的选择和诱惑,各种平台、商家都在抢夺我们的注意力。在算法的推波助澜下，平台会通过大量数据，猜测你感兴趣的内容，从而更有效地获取你的注意力。而更长的手机使用时间、高度集中的注意力，无一不在告诉其背后的资本方：你感兴趣。

然而，你的注意力是有限的，因此资本方希望能够更多地占据你的注意力，增加黏性，让它成为你生活当中不可或缺的一部分。

对于商家来说，这是生意，但是对于你来说，它蚕食了你有限的精力。

所以，你需要好好地盘点一下你的精力资产——注意力。

## 一 时间记录：你的时间感可能并不准

上课时间是9：00，可兮兮每次都会迟到半个小时。她说："我真的不是故意的，你看到我迟到了，但其实我凌晨5：00就起床了。我以为还有很多时间，东摸摸，

> 西摸摸，等吃完早餐就已经8：00了。我预估到上课地点需要半个小时的车程，应该来得及，可每次都赶得焦头烂额。不论怎么赶，都是晚半个小时。"

大家有没有发现，分分对于时间的估计总是过于乐观。

有人会说："每年的计划根本就完不成，眼睛一睁一闭，一年就过去了。去年的计划今年还可以再用，今年的计划明年还可以再用……时间都去哪儿了？"

这样说的人不在少数，特别是在每年年初和年底时格外多。计划时，我们是"理想我"；年底清算时，是不得不面对的"现实我"。时间是一笔账，早晚都是要算的。

生活中也有不少"月光族""摆烂族"，甚至是"负债族"。

他们的说法也都类似："真不知道钱花在什么地方了，买了些零碎，钱就不见了。钱都花去哪儿了呢？……"

是啊，钱都去哪儿了呢？

你记过账吗？理财专员常说："你不理财，财不理你。"对于刚开始想要理财的人，第一步就是记账。当记录钱的走向时，你就可以知道它的实际趋势和走向，从而更好地掌控你的财富。

时间也是你的财富，时间记录就是对时间记账，了解你的时间都花在哪里。我们可以从时间记录开始，建立时间觉知。只有当我们记录下时间支出，才能更好地掌控时间。

## （一）科学的时间利用法

亚历山大·亚历山德罗维奇·柳比歇夫（Alexander Alexandrovich Lyubishchev）是昆虫学家、哲学家、数学家。他有 70 余部学术著作，成绩惊人。除了学术上的贡献外，柳比歇夫最著名的就是他的时间管理方法。他在 26 岁时独创了时间统计法，记录每件事情的时间花销。通过对时间的统计和分析，大大减少了时间浪费，改进了工作方法，从而提高了时间利用效率。这一方法被沿用了 56 年之久，直至他去世。下面我们来介绍下他创造的方法，共分为 4 个步骤。

第一个步骤：记录。这个起始步骤是柳比歇夫时间管理法的精髓。他在自己的日记中忠实地记录了每天花费时间的事件，记录的误差不超过 15 分钟。采用的格式是：日期 + 事件 + 花费时间，每天记录 5—7 行。

除了记录日常工作和时间花费，他每个月还进行月度总结，年末再做年度总结。他对时间管理认真程度甚至比对工作的认真程度还要高。从 1956 年开始，他从未中断过书写日记，即使在战争年代或住院等特殊情况下，他仍然坚持记录，甚至在他心爱的儿子去世的那一天，他也一如既往地记录。

因为在他看来，思考和分析都必须建立在一个基础上，那就是了解。了解自己，了解自己的时间都运用在什么地方。

一开始的时候，为了记录时间用到了哪里，他还常常需要看表。坚持使用这种记录时间的方法几年之后，他慢慢拥有了一种能力，那就是我们说的时间感，不用看表也能准确地感知时间。对他来说，时间的急流是看得见摸得着的。

第二个步骤：统计。每个月的月底，他都会把之前每天记录的基本工作时间加起来，并做好分类，认真统计使用时间的情况。

第三个步骤：分析。这也是有效利用时间的方法之一。比如：在某一年的年终总结里，柳比歇夫提到自己经常生病，因此反映在日记中他用于工作的时间相对较少，而阅读非工作类书籍的时间则增加了很多。

第四个步骤：反馈。经过记录、总结和分析，柳比歇夫会制订下一时间段的计划。根据目前的完成情况，决定在下个时间段里每个方面要花费多少时间、达成哪些目标。

总结一下：第一个步骤是记录，尽可能准确地记录时间被用在了哪里；第二个步骤是统计，以每周、每个月或每年为单位，统计每件事情占用了多少时间；第三个步骤是分析，分析在过去这段时间里，哪些运用时间的方法是高效的，哪些是可以改进的；第四个步骤是反馈，根据分析结果做出调整，让自己更有效地利用时间。

## （二）针对此方法的注意事项

此外，大家还要注意以下四点。

（1）及时记录。避免做完多项任务后再回头一起记录，要一事一记。最好可以精确到分钟，如果有漏记可以随时补记。我们的时间使用是有惯性的，观察你的用时习惯可以找到你的时间浪费在哪里，以及意识到还可以如何优化时间使用。

（2）形成习惯。时间记录方法非常简单，简单到很多人甚至不屑一顾。但实际上能坚持下来的人少之又少。柳比歇夫数十年如一日地记录，已经对时间有了本能的感知，所以能够准确地判断自己在某件事上花费了多少时间。如果你想改善自己的用时情况，增强对时间的掌控感，可以试试此方法，收获会超出你的想象。

当你养成习惯，在每件事情结束之后习惯性地记录一下，你会发现，其实这不需要花费什么力气，因为它就是你生活当中很自然的一部分。你会更清楚地了解你的时间都花在了哪里、你还可以怎么用好你的时间。

（3）多鼓励。如果你是第一次做时间记录，那你可以多鼓励自己，多进行心理建设。你可能会惊讶地发现自己浪费时间的程度超出了你的想象，而你对时间流逝的"黑洞"居然一无所知。开始的时候，你可以尝试小范围打卡，或许更容易坚持下来。

也许会有磕磕碰碰，也许想要中途放弃，但没有关系，大部分人都是从这样开始的。我们总要学着接受"理想我"到"现实我"之间的差距。

（4）从最简单的方式开始。市面上有很多时间记录的工具，但我推荐最简单的工具，即笔和纸。手机应用软件（App）看似方便，但如果没有自控力，很快就会被手机上其他的应用软件吸引。不要强调客观条件，只要有纸笔就可以开始记录。先让时间视觉化地呈现在你的面前，让时间被看见。

兮兮："记了几天之后，我发现量化时间，紧迫感也会随之而来。我有效利用的时间是如此之短，而留给娱乐的时间是如此之多。"

## 二　任务分级：把精力聚焦在关键输出上

记录时间可以让你更好地规划、安排时间。一旦你开始记录时间，就会更加清晰地了解自己把时间花在了哪些事情上、哪些时间段最高效，以及是否充分利用了高效时间段。

时间花在哪里是看得见的。你是花在了家庭、健康、工作上，还是打游戏、刷手机上？未曾锻炼过的身体看不出运动的痕迹，未曾思考过的大脑一张嘴就暴露无遗。你的时间花在了哪里，决定了你会变成什么样的人。所以，想要变成什么样的人，你就需要把时间优先花费在那些你认为重要的事情上。

分分："我觉得都挺重要的，什么都不想舍弃，所以胡子眉毛一把抓，不知道从哪里开始。"

重要性是什么呢？这只可意会不可言传，更多的是你内心的感受，取决于你觉得什么东西比较重要。

时间是最公平的资源，每个人每天都只有 24 个小时，没有人能够通过权势、地位和金钱获得更多时间。

如何利用时间更是一种选择。如果对方说"不好意思，我没有时间跟你吃饭"，他是真的没有时间吗？如果说今天这顿饭，出席人当中有他觉得非常重要的人，他又会作何选择？事实是，他不是没有时间，只是你没有那么重要而已。

不是所有的事情都值得拥有时间。你要把时间放在更重要的事情上。所以，请记得如何利用时间需要选择，这基于你心目当中重要性的排序。

美国伯利恒钢铁公司曾因濒临破产，其总裁向效率大师艾维·利咨询求助。艾维·利耐心地听完其烦恼，请他拿出一张白纸，写下第二天他要做的全部事情，并要求他按事情的重要顺序，分别从 1—6 标出 6 件最重要的事情。

艾维·利建议，每天一开始，请全力以赴地做好标号为'1'的事情，然后再全力以赴地做标号为'2'的事，依次类推……一般情况下，只要每天能全力完成这 6 个最重要的任务，那么他一定是一位高效率人士。即使做不完所有的任务也没有关系，因为最重要的事情已经完成了。

在咨询的一年后，艾维·利收到了一张来自伯利恒钢铁公司的 2.5 万美金的支票。在咨询的 5 年后，伯利恒钢铁公司一跃成为当时全美最大的私人钢铁公司。

这个方法说起来非常简单,其中的三个关键步骤如下。

(1)把你每天要做的事情列出来。

(2)按重要次序分类,从重要的事情做起。

(3)每天都这么做。

对于分类,美国著名管理学家史蒂芬·科维(Stephen R. Covey)提出了一种被广泛运用的"四象限法",把工作按照重要性和紧急性进行划分,基本上可以分为四个"象限":重要且紧急、重要但不紧急、不重要但紧急、不重要且不紧急(图3-1)。

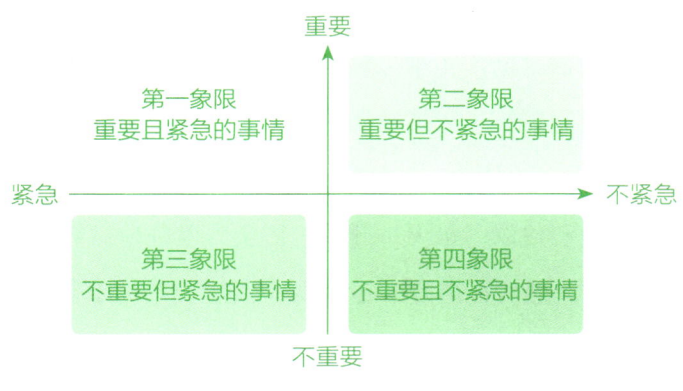

图 3-1 四象限法

(1)第一象限——重要且紧急:这类任务有紧迫的时间限定,如果未按时完成会有不良后果。例如危机事件、紧急救援或其他重要前置任务,这些任务必须优先完成。此类任务要越少越好，如果较多说明风险控制不足、规划不够。

（2）第二象限——重要但不紧急：对这类任务的投入可以获得更大的、长期的收益。虽然非常重要，但并不急迫，不需要立即处理，可以根据自己的时间安排而完成。即便如此，如果处理不当，将很容易导致紧急事件的发生。我们应该将主要的精力和时间投入到这类任务上，还需要充分考虑规划和风险管理，这样才可以未雨绸缪，防患于未然，做得越好就会越少出现紧急情况。

（3）第三象限——紧急不重要：这类任务是突发、临时的，需要立刻处理，但实际收益并不明显，可以把它们放入低优先级中，也可以延迟处理，或者授权他人去处理。

（4）第四象限——不重要且不紧急：这些任务既没有时间限制，也没有实际收益，或者实际上都和你没什么关系。例如无聊的社交活动、刷手机等琐事。这些事情可以少做或者不做。

当你对事情进行分类之后，每天要做事情的先后顺序一目了然。可是，好多小伙伴发现，即便知道了这个方法，还是没有办法行动起来。

兮兮说："道理都懂，可就是做不到，发现自己做的事情全都是不重要又不紧急的，于是索性自暴自弃了……"

有没有更加简单一点的方法？

我们可以按照这个分类思路，给事情贴上红黄蓝绿等不同颜色的标签，直接用颜色来区分。比如：你可以先列出今天要做的事情，然后，用红色的标签贴出三件事。你会选哪三件事？接着，用黄色的标签贴出三件事。你会选哪三件事？然后，用蓝色的标签贴出三件事。你会选哪三件事？最后，用绿色的标签贴出三件事。你会选哪三件事？

看，这不就已经区分出来了吗？也许你觉得最重要的事并不是世俗意义上最重要的事情，但是在你心目当中它就是最重要的事情。直截了当，无须纠结。

首先，把红色的事情即那些在你心目当中占比更重的事情做了。也就是时间管理专家常说的，"先吃掉那只青蛙"[①]。然后再去做黄色的事情。一旦完成这些黄色的事情，你的主要任务就完成了。如果有多余的时间，可以去做蓝色的事情。如果没有时间，可以请别人帮忙。至于绿色的事情，可做可不做，如果有时间就做，没有时间可以不做。逐渐养成这种习惯后，你会更清楚地分辨事情的轻重缓急，学会适度舍弃，劳逸结合。

---

① 来自博恩·崔西《吃掉那只青蛙》，"青蛙"是指需要完成的工作。先吃掉那只青蛙，意思是先完成最重要的事。——编者注

这种方法简单实用，尤其适合内心混乱、不会规划的人。同时，它也有助于我们更清楚每个任务的重要性和紧急程度，更好地安排时间、完成任务。

使用颜色划分这些任务，你的工作处于什么情况一目了然。在做决策时，你可以按照颜色来取舍和判断，形成习惯后，效率自然就会逐渐提高。

此外，别把活都抓在自己手里，要学会分派任务，这对你和别人都是一次成长的机会。你找出那些不必亲自做的事情时，可以考虑找最佳人选来处理它们，并跟踪事情的进展。

时间管理专家一致认为，要将任务分出轻重缓急，并将时间用在最重要的事情上。那些不那么重要的事情则可以分派给其他人去做，甚至可以先放在一边。

对于此类问题，柳比歇夫有五大守则。

第一条守则：不要为了完成工作而放弃自己的兴趣爱好。

第二条守则：不接受紧急的任务。

第三条守则：当感到疲劳时，立即停下工作并休息一会儿。

第四条守则：保证睡眠时间，每天 10 小时左右。

第五条守则：把繁重的工作和愉快的工作结合在一起。

柳比歇夫会利用每天精力最充沛的时间段完成第一类工作，这段时间也是他最看重、最认真总结和分析的时间。在精力没有那么集中的时段，柳比歇夫会处理一些第二类工作，通过合理安排工作类型，真正做到了不让每一分钟虚度。

当然，任何人的经验只是参考。你只需记得，在没有头绪的时候，先解决对你来说最重要的事情。

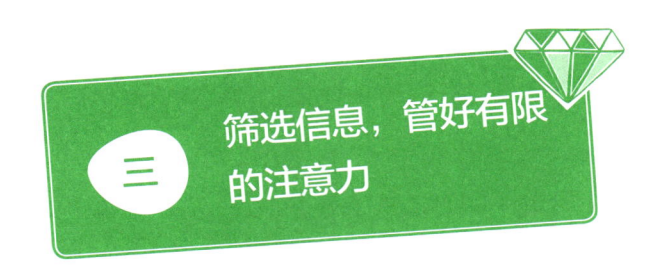

## 三 筛选信息，管好有限的注意力

"每天做的都是不重要且不紧急的事，可是又没有办法控制，怎么办？"

"只要我一拿起手机就完全没有办法停下，不停地往下刷，完全不受控制。"

"不是我不自律，是这个世界的诱惑太多。我本来没什么要买的，刷着刷着就买了一堆不需要的东西回来。"

"我只要一离开手机就六神无主，总觉得错过了什么重要的事情，百爪挠心，寝食难安。"

……

这是许多来访者的常见状况，他们一次次地对生活失去控制，让自己陷入习得无助感之中。

我们生活在一个精神诱惑层出不穷的时代。特别是在大数据时代，我们面临着千人千面的个性化诱惑，只要手指一滑，大数据就会投其所好，精准推送广告信息，你总会发现适合你的产品。

根据 2021 年的数据显示，我国网民人均手机 App 安装量增至 66 款，人均每天使用 App 的时间为 5.1 小时。按理说，我们是手机的主人，可是一不小心就被手机所控制。手机已经成了蚕食我们注意力的大户。但只要我们意识到这个问题并进行调整，我们就可以夺回更多宝贵的时间。

有人会觉得手机只是放在旁边，不去看就不会受影响。真的是这样吗？

有一个心理学的实验，实验中的参与者被分为两组，一组被安排完成简单的任务，另一组被安排完成复杂的任务。变量是参与者能够选择手机的放置方式：屏幕朝下放在桌子上、放在口袋中或放在另一个房间中，同时关闭所有提示音和震动以避免被干扰。

你能猜到实验结果吗？

在这个认知测试中，将手机放在另一房间的人表现最好，其次是将手机放在口袋中的人，最后才是将手机放在桌子上的人。即便是参与者关闭了手机，也得到了类似的结果。

由此，我们可以发现，即使没有注视手机，但只要手机在旁边，就会对我们的思考和解决问题的能力带来不良的影响。也许我们的生活离不开手机，但偶尔可以试着让自己摆脱手机的控制。

当面对很多外界诱惑的时候，我们需要抵抗诱惑的意志力就更多，而意志力本身就是奢侈品。所以，面对诱惑，我们常常是胜少输多，就像减肥的人在家里放着一堆美食一样，大概率是会失败的。

最好的方法是通过物理隔离来避免诱惑，而不是让意志力在不必要的考验中逐渐耗尽。所以，想要戒掉零食的人，要尽量不囤零食；想要戒掉手机瘾的人，可以让自己离手机远一点。

当我们面对眼花缭乱的信息时，很容易被它们所吸引。但是，我们真的需要这些信息吗？实际上，这些信息可能让我们上瘾，消耗我们的精力，并超出大脑处理信息的能力范围。一旦陷入其中，反而会对我们的生活造成较大影响。或许我们需要与它们适当隔离了。

还记得没有智能手机的日子吗？那个时候，人们不也如常生活吗？

你是否真的需要关注这么多的公众号？你会发现许多文

章都千篇一律，用耸人听闻的标题来吸引注意力。再看一眼通讯录，你会发现有许多好友根本没有联系过。被那些陌生人的资讯消耗了大量的时间后，你会不会反而疏忽了你最珍贵的朋友呢？

就像我们的环境需要整理一样，你也可以定时清理你的 App、公众号、朋友圈……当你不停地筛选的时候，真正让你心动、感兴趣的东西就会呈现出来。不确定的东西可以先放在一个文件夹内，如果长时间不使用，说明你没有那么需要它们。

有些人尝试了一些可以锁定手机屏幕的应用，以控制自己的使用时间。在这段时间内，你无法使用其他应用程序。不过，这对于意志力非常薄弱的人或许是种考验，不少人开始是为了锁手机程序才拿起手机，可是只要一拿起手机就没有办法忍住不看。所以，中间程序越多，就越会消耗我们为数不多的意志力。

> 兮兮说："我给自己准备了一个定时手机盒，手机装进去之后，设置时间，到规定时间之前是没有办法打开的。比如，设定两个小时，在这段时间里，手机像被关在监狱里一样，就算网瘾发作，不到时间它也无法拿出来。"

这也不失为一种物理隔绝的方式,如果你不想被手机干扰,可以在意志力强的时候将手机锁起来,设定一个打开的时间,并将其放远一点。渐渐地,你会感受到不受手机干扰的好处。

还有人会设定"手机断食日",类似于食物断食日,你可以选择每天设定几个小时的"断食"时间,或者每周设定一天的"断食"时间。

只要你愿意尝试,物理隔离的方式还有很多。开始尝试的时候,你或许会很不安,甚至手指不知如何安放,慢慢习惯后你会发现,其实你并没有错过什么。更重要的是,你找回了自己的注意力。

## 助力小技巧3:注意力小练习,帮你集中注意力

兮兮:"那我的注意力还有救吗?有什么可以让我集中注意力的方法吗?"

在众多注意力训练方式中,以下三个小练习相对简单、易操作,你可以利用碎片化时间进行练习,以便更好地找回注意力。

## 1. 写数字注意力训练

"写数字注意力训练"可以从数字1开始写,"1,2,3,4,5,6,7,8……"如果出现写错或者漏写,那就再重新从1开始写。书写时要注意间距和书写规范。写数字一旦走神,或者想写快、写多,手就会很难跟上思考,出现写错数或者写乱的迹象。这个训练无论是对于小朋友还是成年人都非常有效。许多成年人的注意力集中程度还不如小朋友。

对于一般成年人来说,5分钟之内写200个数字是没有问题的。当你感觉到注意力无法集中的时候,就可以花5分钟练习写数字。在训练过程中观察自己的状态,你是可以静下心来,还是错漏百出……写数字是最简单但也最考验耐心的过程,如果你能够在令人感到枯燥的事情上保持专注力,那么在其他事情上就能有更持久的专注力,时间也会被利用得更充分。

## 2. 橘子集中法

集中注意力是提高效率的关键。研究发现,当你将注意力集中在头部后方某一点,并和你的视线在一条线上时,你的注意力就会更加集中于眼前的事物。斯坦福大学教授保罗·R.席列（Paul R. Scheele）发现，许多有阅读障碍的人很难集中注意力在某一点上，而有较强阅读能力的人则能更好地控制自己的注意力。在阅读过程中，将注意力集中于后脑勺上方，即视觉的最高中枢附近效果最佳。

"橘子集中法"就是一种将注意力聚焦在理想位置上，使身体和头部瞬间形成"精神集中的放松状态"的技巧。

现在我们一起来试试看。

请你坐在椅子上，双脚分开，与肩同宽，双手自然放在双腿上。身体坐直坐正，慢慢地闭上眼睛，开始深呼吸。呼气的时候将注意力放在你的肩膀上，肩膀自然向下松沉，慢慢放松下来。好，就这样，这里是安全的。你随时可以停下来，让这种放松的感觉慢慢地传遍全身。

现在，想象你的手上有一个橘子。你用右手抛起它，用左手接住，在两手之间抛来抛去。接下来，用右手将橘子拿到后脑勺上方约15厘米的地方，停留在这里。接着把手放下，放松肩膀。想象橘子还停留在那里，慢慢闭上眼睛，感觉一下，你动的时候，橘子也跟着动。它始终和你保持平衡，你会感觉即便在放松的时候，注意力也会非常的集中。现在，请你慢慢地睁开眼睛，开始学习和工作。

分分："我现在在阅读、学习、听课、开会之前，都会用这个神奇的橘子让自己更好地进入状态。我感觉注意力更加容易集中了。"

开始的时候，你需要意识的参与，熟悉了之后，当你需要专注时，就可以闭上眼睛想象头部后方有一个橘子，再睁开眼睛，你就能够进入一种相对集中的状态，身体也能够自然地放松下来。这种身体放松、精神集中的状态也能在其他活动中发挥很大的作用。

当然，这是心理暗示加上刻意训练的结果，因为专注也需要一定程度的自我暗示的参与。刚开始使用时，你可能还不太习惯，练习一段时间后，你就可以慢慢把它变成一种习惯，快速集中注意力。在这里，橘子只是一个提示物而已。如果你不喜欢橘子，也可以是苹果，或者其他任何东西，关键不是橘子，而是注意力的位置。

## 3. 练习专注体式

当注意力难以集中时，你可以尝试练习这个瑜伽体式——树式，来帮助自己调整状态（图 3-2）。

练习树式可以很好地增强腿部力量，提高身体平衡感，调整身体形态。它使你像一棵深深扎根于土地的大树，稳重而沉静，能够帮助你清除多余和消极的想法，重新整理

图 3-2　树式瑜伽

杂乱的思绪，以回归清澈的心灵状态。这种平衡动作需要一定程度的专注力，无法安心做一件事的人，可以多练习这个体式。

该体式基本要点如下。

（1）站立时，重心由单侧腿承担，脚掌和脚趾要均匀着地，尽量使重力均匀分布在整个脚底。

（2）骨盆保持中正，避免倾斜。

（3）双眼平视前方，保持稳定。

（4）保持平缓、自然的呼吸。

对于高血压和心脏功能不佳的人，练习此动作时双手在胸前相合即可，无须举过头顶。

我们的注意力并非一成不变，会在生活中逐渐消退，但也可以通过训练逐渐找回来。当我们开始重视注意力管理，便能更敏锐地感知它的流动，从而更好地掌控精力，掌控生活。

人类最伟大的发现之一,就是对大脑无限潜能的认识。人类在未来面临的最重要的问题,就是对大脑潜能的充分开发。

——爱因斯坦

# 第四章
CHAPTER4

# 脑力管理

——我的大脑怎么又"短路"了?

今兮说:"感觉好累,可又说不出来是哪里累。"

其他人也有共鸣:"我也是,头脑一直昏昏沉沉,注意力无法集中,经常会走神。""也没有做什么,但却常常感觉疲倦。""即使已经睡足了,但是还是感到说不出的累。"

……

相信有同感的人不在少数吧?如果你出现了这些症状,说明你不是身体累,而是大脑累。

你需要管理大脑了!

"管理大脑?"今兮皱起了眉说,"感觉好复杂……"

其实,大脑管理就在我们日常生活的点点滴滴当中。

当我们面临太大的压力时,身体会分泌大量的皮质醇,它会抢占脑部的能量来源葡萄糖，并破坏脑部神经元，进而影响神经元的正常运作。

大脑是一个负责思考的器官，但往往被误认为是一个存储器官。大脑喜欢处理简单任务和有期限的任务。大脑很容易疲劳，需要休息和恢复。

事实上，疲劳感本身就是一种脑部现象，换句话说，是脑部疲劳将"好累"的感觉带进了你的心里。脑部疲劳和身体上的疲劳有根本差异，即使身体得到充分休息，大脑的疲劳也仍然可能在不知不觉中累积。一旦大脑疲劳慢性地持续积累，大脑在各方面的表现就会越来越差。

> 兮兮吐吐舌头："的确，大脑人人都有，可是大脑的特点我们却未曾好好地了解过。"

成千上万的人愿意花精力、金钱来锻炼肌肉，却忽略了身体最重要的器官——大脑。

所以，这节我们来聊聊精力管理的关键——脑力管理。

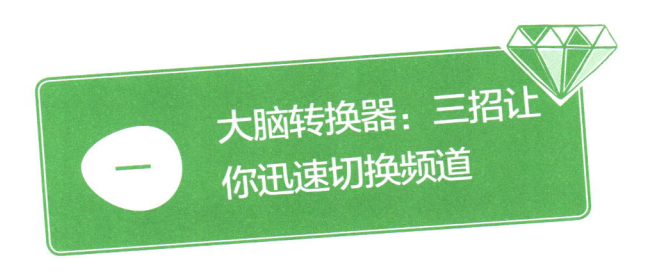

## 一、大脑转换器：三招让你迅速切换频道

大脑作为身上最精密的仪器，你有好好照顾过它吗？

当你想要放松的时候，会做什么？很多人会选择刷手机、打游戏来放松，殊不知这样会让你越来越累。

当你每天高强度用脑，却不知道如何放松时，很容易出现用脑过度的情况，例如头昏眼花、听力下降、四肢乏力、嗜睡、注意力难以集中、记忆力下降、头疼和呕吐等。

在人类五感中，视觉所接受的信息占大脑接收信息的80%。由于来自眼睛的信息刺激非常强烈，大脑需要通过多个步骤处理从眼睛获取的颜色、形状、运动等信息。因此，这需要大脑长时间持续不断地处理信息，这种状态一旦持续时间过长，疲累就会产生，精力不足马上随之而来。

兮兮问："那怎么办？有没有什么快速有效的急救方式？"

下面介绍三个行之有效的小妙招，大家想要快速缓解大脑疲劳的时候可以用起来。

## 1. 眼部放松法

我们可以选择物理消除疲劳的方法，通过护眼来护脑。日本睡眠治疗师松本美荣认为，眼睛被称为"裸露在外的大脑"，与大脑疲劳直接相关。

在这个高速运转的时代，眼睛经常看不断切换的屏幕，过度用眼在所难免。其实，让大脑休息最快的方法就是有意识地闭上眼睛，减少视觉刺激。通过缓解和消除眼部疲劳保护大脑，提高效率。

我们可以尝试短暂地闭上眼睛 3—5 分钟，阻断外界信息，这样就足以让我们高速运转的大脑进行短暂的休息，让这枚高速过热的 CPU（中央处理器）缓解下来。

如果在这时进行暖眼，就能有效缓解眼睛疲劳。现在我们可以一起来尝试一种眼部放松的方法。

首先，将毛巾浸湿，挤干水后在微波炉中加热，然后从后脑勺的发际线处开始热敷。当后脑勺足够温暖时，将热气腾腾的毛巾放在双眼上，温暖眼部周围。热毛巾不仅可以温暖后脑勺和眼睛，促进血液循环，还能让副交感神经发挥优势，让身体进入放松状态。

当眼周区域得到放松时，可以按摩眼周进一步缓解眼睛疲劳。缓解眼部疲劳分为三步。第一步，按摩上眼眶，将拇指侧向，轻轻按压。第二步，按摩下眼眶，用食指、中指和无名指轻轻按压，保持"按压3秒+放松3秒"的模式，重复3组。第三步，按摩太阳穴，用食指、中指和无名指轻轻按压，手指缓缓转动6—10次。这个方法可以有效消除眼睛疲劳，让你在工作状态与休息状态间自如切换。

## 2. 左右交替呼吸法

我们每时每刻都在呼吸，呼吸虽自然但不简单。

如果平常你有留意，会发现两侧鼻孔气流的流动速度会略有差异，通常只有一个鼻孔处于活跃状态，有时是右侧，有时是左侧，这也是你当下状态的一种反映。

中国人常常讲求"平衡"，其实，呼吸也需要平衡。在古印度，瑜伽士就常用左右鼻孔交替呼吸法进行平衡。这种呼吸法被称为"纳迦鼻息法"（Nadi Shodhana Pranayama）或"阴阳鼻息法"（Anulom Vilom Pranayama）。印度阿育吠陀自然疗法中提到，通过有意识地交替使用左右鼻孔来呼吸，可以调整和平衡身体和心灵的能量。这种方法被瑜伽士视为一种能量清洁和修复的方式，有助于提升注意力、放松身心、缓解压力和焦虑等。

根据瑜伽生理学的观点，左脑连接身体的右侧，右脑连接身体的左侧。为了保持身体的平衡和协调，我们应该确保两侧呼吸均衡，避免偏废一侧，另一侧的功能受到抑制。进一步的研究还表明，通过调整呼吸，我们能够对自主神经系统的活动产生影响。

具体来说，左侧鼻孔呼吸可以增加副交感神经的活动，从而降低心率和呼吸率，给人带来平静、放松的效果，但若过度使用，则易产生疲倦、无力等不良反应。

相对地，右侧鼻孔呼吸可以刺激交感神经的活动，提高心率和呼吸率，让人更加兴奋。需要注意的是，适度使用此种方法可以让人保持积极进取的状态，过度使用则易导致亢奋和焦虑。

为了实现平衡，我们可以通过练习左右鼻孔交替呼吸法，来平衡左右鼻孔的呼吸，放松交感神经，激活副交感神经，并促进身心的整体运作。

在我们感到精神萎靡、疲惫不堪时，进行 5 分钟的左右鼻孔交替呼吸法可以有效激活大脑、改善表现、提升思维清晰度。这个方法也特别适合在冥想之前进行练习，现在我们就来试试这个方法吧。

（1）选择一个比较舒适的坐姿，肩膀自然放松，不要紧绷。

（2）将右手大小拇指比作六字形，一个手指控制一侧鼻翼。

（3）右手大拇指先按压住右侧鼻翼，用左鼻孔呼吸。吸气时将气息带到腹部，感受腹部的运动幅度，重复做 9 次。

（4）右手小拇指再轻轻按住左侧鼻翼，换右鼻孔呼吸，重复做 9 次。

（5）继续用手指控制呼吸，先用右鼻孔吸气，再用左鼻孔呼气，然后用左鼻孔吸气，右鼻孔呼气，重复做 9 次。

请注意，不要过度用力压鼻子，只需轻轻按住即可。初学者可以先从做 9 次开始。感到精力不济时，可以随时随地使用这个方法（图 4-1）。

图 4-1　左右鼻孔交替呼吸法

## 3. 音乐调频法

还有一个小妙招——音乐调频法，它可以帮助我们快速切换状态。许多来访者使用此方法后都觉得非常有效。

音乐的频率、节奏和有规律的声波振动是一种物理能量，这种能量能够引起人体细胞组织和谐共振，从而直接影响人的脑电波、心率和呼吸节奏。

科学家指出，人们身处悦耳优美的音乐环境中时，可以有效地改善身体的许多问题，如神经系统、心血管系统等。此外，音乐声波的频率和声压能够引起心理上的反应，从而提高大脑皮层的兴奋性。

从心理的角度来说，好的音乐不仅可以改善情绪、激发情感、振奋精神，还有助于消除心理和社会因素造成的不良心理状态，提高应激能力。

当大脑感觉疲劳时，可以通过切换不同类型的音乐来快速调整状态，这是一种非常好的切换大脑工作模式的方式。

当然，并不是所有类型的音乐都适合作为调频音乐。研究也表明，如果在阅读时播放不喜欢的背景音乐，阅读理解的成绩就会变差。

每个人都有自己的音乐偏好，有人喜欢嘻哈音乐，有人喜欢古典音乐……这种偏好不光与音乐的风格和类型有关系，同时也受人格特质等个体因素影响。因此，并没有适合所有人的歌单，你可以建立自己的音乐清单。

例如，我有各种不同的音乐清单，包括放松、冥想、做瑜伽、跑步等不同场景的音乐清单。当我需要切换不同"频道"的时候，我就会点开不同的清单。

刚刚睡醒，想要让大脑兴奋、让身体振奋时，点开运动音乐清单；需要平静地写作时，点开专注力音乐清单；进行瑜伽练习时，点开瑜伽音乐清单……音乐可以更好地唤醒大脑，让大脑切换到不同的功能区，更快地进入状态。

在选择音乐时，我通常会选不带歌词或歌词比较少的唱诵音乐。因为一般的歌词里都会有作词人打造出来的情境，也会传递出很强烈的情绪。如果没有歌词、没有别人的参考答案，反而会有无限的想象空间，这也是音乐的迷人之处。

当然，这只是我的偏好。现在，你可以动手找适合自己的清单。开始的时候，你可以从音乐平台推荐的清单开始筛选，听到比较有感觉的歌曲，就把它加入你的清单中。

最后，需要强调的是，想拥有一个健康、有活力的大脑，要从用脑习惯开始改善。本章后面几节也会给大家介绍一些练习方法，只要坚持练习，就可以有效改善大脑疲劳的情况。

> 冥想，如口渴需饮水般。"
>
> ——一行禅师

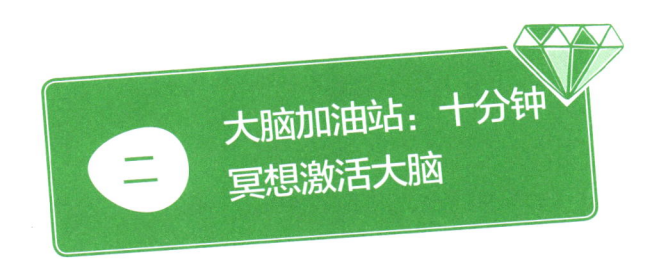

## 二　大脑加油站：十分钟冥想激活大脑

在这个被信息充斥的时代，我们每天都要面对大量信息的轰炸。我们已经习惯了一心多用，享受着感官的刺激，在各种媒介中不断游走。我们忙于填满所有的时间，生怕错过了任何信息。我们对"忙"上了瘾，对"做事"上了瘾，甚至对"思考"都上了瘾。我们常常感觉自己好像节约了时间，但好像又忘了真正的感受是什么。

*兮兮说："复杂的练习方法我也坚持不了，我就学个最简单的吧。"*

冥想就是最简便、实用的大脑充电方法之一，已经被广泛应用于身心疗愈之中（图4-2）。谷歌公司为员工提供冥想培训，哈佛商学院的领导课中也加入了冥想的课程。比尔·盖茨说："冥想是一个非常好的工具，可以提高我的专注力，帮助我从各种繁杂想法、思绪中抽离出来，删繁就简。"

图 4-2　冥想

　　冥想可以让我们的身心更加的专注，让大脑变得更加的敏锐。科学实验证明，当你进入冥想状态时，大脑的活动会呈现出规律的脑波，冥想可以让我们的左脑平静下来，让意识倾听右脑的声音，这样脑波会自然地转入 α 波状态。此时，想象力、创造力与灵感会源源不断地涌现。同时，我们对于事物的判断力、理解力都会大幅提升，身心也会呈现安定、愉快和心旷神怡的感觉。我们感受到痛苦时，可以通过冥想观察和感受情绪的变化，从而提升自身问题处理能力。

　　研究发现，练习冥想的人在受到焦虑干扰的时候，可以更快地调整自己的脑波状态，促进大脑区域之间的合作，从而提高自我控制能力和认知功能。

开会累了冥想一会儿，伏案久了冥想一会儿，精神紧张的时候冥想一会儿，睡不着觉、休息不好的时候冥想一会儿。只需要几分钟的时间，你就能够把大脑清空，整个人松弛下来，并迅速进入沉静、忘我的状态，大脑就像充满电了一样。

随着冥想的流行，冥想的类别也越分越细，越分越多。我们只需要掌握基本原则，然后根据需求进行适当的调整即可。

在进入正式冥想阶段前，要做以下准备。

（1）选择安静的环境。对于初学者来说，处于安静的环境会更容易进入状态。可以选择在一个安静、私密的地方进行冥想，并尽可能减少外界的噪声。如果没有条件，也可以播放一些音色柔和的乐器声或自然之音，比如海浪声、虫鸣声等。

（2）穿着舒适的衣物。如果天气比较冷，记得加衣服，尽量避免受到外界温度的影响，过冷或者过热都会干扰初学者进入冥想状态。

（3）选择自在的冥想姿势。在开始冥想之前，可以做一些简单的伸展运动放松身体，避免身体僵硬影响冥想效果。开始冥想时，可以选择一个舒适的坐姿，如传统的莲花坐或半莲花坐，如果觉得有难度，也可以选择自然坐姿，背部挺直，下颌微微向后收，感觉脊椎和颈椎呈一条直线。初学者可以选择坐垫子来辅助身体的调整，更好地保持正确坐姿。

找到头顶被轻轻向上拉，坐骨向下沉，脊椎充分伸展的感觉。在熟练之后，你就会体验到冥想的好处，无论是仰卧或是行走，无论是睁眼还是闭眼，你随时随地都能进行冥想。不过，作为初学者，建议先从闭上双眼的坐姿开始。

（4）使用辅助物。有人会需要一些外物来辅助进入状态，如蜡烛、熏香等。例如，我会使用檀香精油来营造冥想的氛围。如果有能让你感到舒适和放松的方法，你就可以使用它。

（5）专注呼吸。呼吸是所有冥想中最基础、通用的内容。通过跟随呼吸的律动，你的思绪会逐渐平静下来。因此，在进入冥想状态之前，可以从腹式呼吸开始做起。感受腹部像气球一样，随着你的呼吸一起一伏。

（6）尝试想象。想象是冥想中的一种常用方法，你可以根据自己的喜好来构建一个能让你感到平静的场景，例如一片温暖的沙滩、一座静谧的森林，或是一望无际的天空等。这些场景并不需要非常逼真，只要营造出氛围就可以了。

（7）使用身体扫描法。可以有意识地将注意力集中在身体的某一部位上，然后对其进行扫描，并有意识地放松这个部分。接下来逐一扫描放松全身，在放松身体的同时，其实也是在放松你的大脑。

一开始进行冥想常常会遇到的状况是，想头脑放空，但一些思维和画面却不请自来。比如："晚上吃什么？""下班后有什么安排？""刚才老板是不是似有所指？"等。不必担心，这是每个刚接触冥想的人都会面临的问题。

还记得房间里那只白色的大象吗？如果你强行阻止这些念头出现，那么你会发现越阻止，它们反而越强烈。当发现自己的脑海中产生了一个念头时，你可以去观察它，它就是你此时的状态，去觉察干扰你的到底是什么，静静地看着这个念头。这个时候，不要评判或责备自己，只需要把注意力重新集中在呼吸上，这个重新集中的过程对大脑也是一种很好的训练。

所以，放轻松，越是放松，冥想的程度就越深。在冥想中，一个很重要的部分就是允许和接纳。你的怀疑、你的不满、你的杂念，其实也是生命的一部分。你只需要看着它就好。

你可以计划好冥想开始和结束的时间，每天在固定的时间进行冥想练习，使其成为习惯。如果想达到更好的效果，要避免刚用餐之后，或是疲倦和昏昏欲睡时冥想。

对于初学者来说，可以从每天练习 10 分钟开始，熟练后再逐渐延长练习时间。

练习是开启冥想之门的钥匙。如果经常练习，你就会更容易激活大脑，让头脑更为清晰、明朗。

## 三 大脑健身房：练就成长型大脑

我们的大脑只有这一颗，无法像电脑一样升级换代，也没有办法安装一个容量更大的硬盘，但我们可以思考如何让大脑的容量扩大，持续地高效运转，提高处理速度。这需要我们会使用大脑说明书。

今今问："可是，大脑太复杂了，有没有什么简单快捷的方法是我们马上就可以用的呢？"

当然有，比如以下几种方法是现在比较常见的。

### 1. 一次只专注于一个任务

在生活中，人们常常一心多用，觉得这样效率更高。但事实真的如此吗？

研究者在实验中发现，给大脑同时施加多重任务，并不会让我们变得更高效，反而会降低工作效率。

通常来说，大脑每次只能集中精力处理一项任务。如果同时处理两个以上的任务，处理其中一项任务的注意力就会受到抑制，以保证有多余的精力去处理其他的任务。这样来回切换注意力会消耗大量脑力。

*兮兮好奇地问：“这就意味着进行多任务切换效率更低？"*

*我点了点头。*

*兮兮反思了一下，确实，每次都想同时进行几项任务，显得自己很忙碌、很有效率，但结果都以失败告终。*

所以，为了更好地实现目标，最有效的方法是一次只给大脑安排一个任务。

有人常常一边开车一边讲电话，觉得这是顺理成章的事，但其实所谓的同时执行多项任务，只不过是做了任务间的切换罢了。

研究者指出，大脑不擅长同时处理多项任务，而且不同人的切换、反应速度也不一样。比如，抑郁质人的切换速度就会比较慢，恢复到原来的状态需要更长时间。此外，频繁切换任务，会导致血糖水平下降，从而减弱我们的自我控制能力，我们会更容易放弃原则，难以抵制诱惑，最终做出糟糕的决定。此外，高频率的任务切换会使大脑处于超负荷状态，导致灰白质体积缩小，这可能是造成工作效率下降以及引发大脑萎缩的原因之一。

简而言之，大脑只能集中精力处理一个任务，多任务切换会消耗大量脑力和注意力，降低工作效率和准确性，影响大脑正常运转。

或许大家已经看出来了，大脑并不勤奋、专一，而是天生喜爱节约能量的器官。

我们习惯生活中充满了信息，当信息量减少时就觉得行为价值有所降低，从而产生无聊感。我们看似控制了信息，实际上是被各种信息控制。

此外，大脑每天能做出的有效决策的次数是有限的，当做出过多决定后，体能和自控力会相应变弱，从而导致决策质量下降。想要提高决策质量，我们需要定期做整理，减少选项，只有这样才能更好地利用时间，减少迷惘，提高效率。

## 2. 腾出大脑空间

*兮兮苦恼："我的记性特别差，要考的东西总是记不住。我是不是老了？"*

大脑有自己的使用说明书，我们抱怨大脑不灵光的时候也要问问自己，我们是否遵循了使用规则呢？

比如，大脑擅长的并非记忆，而是信息处理。我们的大脑并不是电脑，但在某种程度上二者有相似之处。如果后台运行的程序过多，电脑速度就会变慢。我们的大脑也是如此。比如，我们工作的时候会有一些想法萦绕在脑海当中，这些悬而未决的事情会在大脑"后台"继续运作，从而分散脑力，使我们无法专注于当前的任务。

大脑更像是中央处理器，更擅长思考，而不是记忆。如果让大脑记太多的信息，容易让其提前宕机。因此，我们要养成及时清空大脑、随时进行记录的习惯。通过有效的工具来替代大脑的存储功能，让我们的大脑零负荷地运转，并发挥它应有的作用。

俗话说，好记性不如烂笔头，最简单的方法就是随身携带纸笔。在工作时遇到各种杂念，只需拿出笔和纸，将它们记录下来，写进待办清单、日程安排或行动清单中并标注清晰，这样就可以有效避免思路受到干扰。

研究也表明，手写笔记比打字更有利于记忆，这是因为动手写笔记的过程也是大脑处理信息的过程。当然，如果不习惯携带纸笔，也有一些手机 App 可以帮助记录。

记忆并不是大脑的优势项目，而且随着年龄增长，记住新知识的速度也会变慢。因此，如果面临考试等需要快速记忆的情况，选择正确的记忆策略非常重要，我们可以利用大脑的特点来帮助记忆。

德国心理学家赫尔曼·艾宾浩斯（Hermann Ebbinghaus）提出了记忆的遗忘曲线（图4-3）和最佳的记忆保持时间间隔。他发现，在特定的时间间隔内进行多次重复学习，可以显著提高记忆的保持效果。

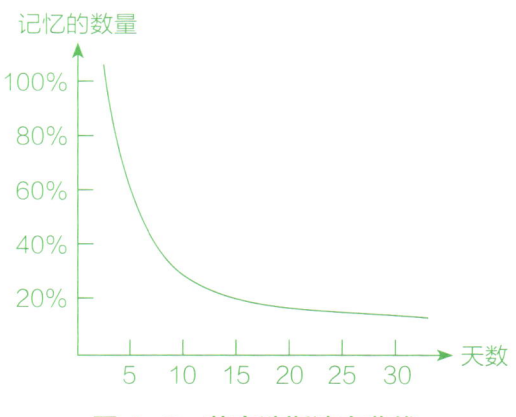

图 4-3 艾宾浩斯遗忘曲线

比如，针对需要迅速记忆并在短时间内应用的情况，我们可以在阅读结束之后立即进行第1次重复，20分钟后进行第2次重复，8小时后（可以是睡眠状态下的8小时）进行第3次重复，一天后进行第4次重复。这种记忆模式对于应急情况是比较有效的。

而针对希望形成长时记忆的信息，我们可以采用另一重复模式。阅读结束后，马上进行第 1 次重复，20—30 分钟后开始进行第 2 次重复，一天后进行第 3 次重复，2—3 周后进行第 4 次重复，2—3 个月后进行第 5 次重复。这种记忆方式可以让记忆更加持久。

当然，在掌握了基本思路之后，在具体应用中也会存在个体差异，可以根据个人的记忆能力和学习需求进行调整。

总之，我们需要学会扬长避短，腾出大脑空间，让大脑充分发挥它最大的功能。

### 3. 增加时间压力

> 兮兮说："我总是喜欢拖拖拉拉、磨磨蹭蹭。事到临头还总是先刷一会手机，看一会电视，快睡前才开始动手，没多久就困了，任务最终还是没完成。第二天总会被领导痛批一顿。"

在学习方面，我们习惯追求"正确答案"，可工作中没有所谓的"正确答案"。有时，一味地追求完美就会不自觉地一拖再拖，常常无法按计划向前推进。

你还记得小时候写作业是一种什么样的状况吗？如果没

有时间限制，你会不会一直磨磨蹭蹭，拖到后半夜都还没开始写，效率极低？但是，一旦开始定时，顿时觉得自己的小马达启动起来了，大脑关于时间的弦被拨动了，效率马上提高了。

其实，这是我们一直在无意中使用的一种方式——时间压力法。通过设定时间限制和目标，增加大脑的压力和专注力。

这种方法很简单，在正式开始工作之前你可以给自己设定一个目标，最理想的状态就是设定一个对自己来说稍微有点难度的目标。比如："我要在一个小时之内完成这项工作。"然后努力去实现。一旦有了时间限制，我们零散的思维就开始集中，效率也会显著提高。

计时器的作用就是激发紧迫感，让大脑意识到："接下来，必须要卖力了。"把计时键按下去是个很有仪式感的动作。这代表了心流状态的开启：从此时开始，要认真、专注了。

设置计时器不仅能提高效率，还能让你在规定的时间内休息，劳逸结合，让大脑得到恢复。

大脑具有可塑性，坚持用正确方法休息，我们将会拥有一个不易疲劳的大脑。

比如现在流行的"番茄工作法"就是运用了大脑的这一特性。该方法是由弗朗西斯科·西里洛（Francesco Cirillo）于

1992年创立的一种简单易行的时间管理方法，得名于一只长得像番茄的厨房计时器。

"番茄工作法"的基本逻辑很简单：确定一个待完成的任务，将25分钟设定为一个番茄时间，然后专注工作，直到时钟响起，短暂休息5分钟。每完成4个番茄时段后，可休息15—30分钟，这个周期被称为番茄周期。在番茄钟提醒之前，你可以将手机调成静音，专注工作。

你还可以将工作划分为不同的级别，比如按重要程度分级，把握好专注力的起伏，高度专注时努力工作，专注力降低时就去休息。确定工作任务优先级后，设定计时器，然后将精力集中在其中一项任务上，直到计时器响起。

比如，7天完成一本书写作的刘润老师，就把番茄钟分为大番茄和小番茄：在杂事上，用小番茄，设置"25分钟工作+5分钟休息"；在写作时或者做其他连续性的工作时，用大番茄，设置"50分钟工作+10分钟休息"。

"时间压力法"的核心理念就是让大脑在该紧张的时候紧张，该放松的时候放松。只有及时做出调整，才能更好地提高效率。

### 4. 形成学习闭环

大脑害怕无聊，并且"喜新厌旧"。

"喜新厌旧"是坏事吗？对于大脑来说不是。

对于大脑来说，无所事事才是坏事。当一个人长时间沉浸在无聊的状态中，大脑就会慢慢习惯无聊，逐渐停止成长。从这个意义来说，"喜新厌旧"反而是我们改变的契机。因此，我们需要多觉察自己的无聊感，积极寻找一些新鲜事物来满足我们"喜新厌旧"的大脑。

越来越多的研究证明，成年人的大脑仍然具有可塑性，会顺应环境发生变化，新的生活经验会改变大脑神经回路的设定。

因此，如果想让大脑变得更有活力，你可以学习某种新知识、新技能。不一定要练到精通，这种掌握新知识的过程本身就可以刺激大脑产生新的神经元。

如果留意观察，你会发现，退休以后无所事事的人的整体状态不太好。反之，在退休以后还能发挥余热、不断学习的人，会一直维持良好的精神状态。时光好像对这类人格外手下留情，甚至还有可能逆生长。这是因为，年龄并不是划分大脑状态的临界点和分水岭，大脑的状态并不取决于年纪，而取决于如何使用它。

管理中常常提到"闭环"，其实，大脑的管理也需要一个闭环。大脑通过感觉区接收信息，并通过运动区输出信息。信息从输入到输出才算完成一个闭环。对大脑而言，输入指的是"理解"，输出指的是"实践"。只输入信息并不是真正有效的学习，输出才是。而且，和输入相比，大脑更相信输出，因为信息不能仅靠接收，还需要加工处理，然后才能转化成个人的知识。而大脑的思考能力也会通过输入和输出的循环得到强化。

著名学习专家爱德加·戴尔（Edgar Dale）提出了学习金字塔，从中可以看出哪种学习方式效率最高、效果最佳。

第一种方式是"听讲"：老师讲解，学生听讲，这是我们最熟悉、最常用的学习方式，但是学习效果却是最差的。两周后学习的内容只能留下 5%（图 4-4）。

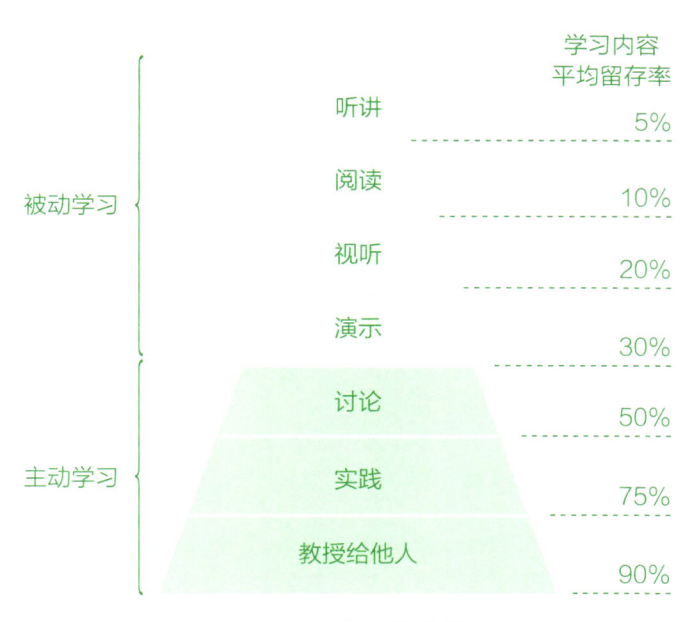

| 学习方式 | | 学习内容平均留存率 |
|---|---|---|
| 被动学习 | 听讲 | 5% |
| | 阅读 | 10% |
| | 视听 | 20% |
| | 演示 | 30% |
| 主动学习 | 讨论 | 50% |
| | 实践 | 75% |
| | 教授给他人 | 90% |

**图 4-4　学习金字塔**

第二种方式是"阅读"：从阅读中学习，两周后学习的内容留下的可达到 10%。

第三种方式是通过"视听"的方式学习，两周后学习的内容留下的可提高至 20%。

第四种方式是"演示"：观察他人演示，从中学习并尝试模仿，两周后学习的内容留下的可达到 30%。

第五种方式是"讨论"：通过与他人讨论，两周后可记住 50% 的内容。

第六种方式是"实践"：两周后学习内容能保留 75%。

最后一种方式是"教授给他人"，两周后可以记住 90% 的学习内容。

我们可以看到，单一的输入无法锻炼运动区的学习回路。我们需要创造更多输出的机会。比如，阅读是一种输入，而分享、书写、演讲都是输出。单纯的聆听是输入，复盘总结则是输出。当你切身实践，甚至是指导别人的时候，大脑的学习效率最高。所以，现在体验式教育越来越流行，分享型组织越来越多。

我们可以把这种方法运用在生活的各个场景中。同样的事件可以从不同的角度来诠释，这就是在训练我们的输出能力。

功不唐捐，我们付出的努力不会白费，随着时间的累积，量变会引起质变。你会发现，你的大脑越来越灵活，反应速度越来越快。

## 助力小技巧 4：制作"好感觉清单"，让大脑透透气

你会玩吗？没错，是玩。

我们的大脑就像个孩子一样，它充满好奇心，喜欢新鲜事物、愉悦的情绪。想让它活跃起来，我们需要顺应它的偏好，适度挑战它，只有这样才能发挥出大脑更大的潜力。如果想要大脑变得高效有活力，要会学，也要会玩。

*兮兮说："可我真的不会玩，上学的时候，老师、家长不让，现在工作压力这么大，怎么敢玩？玩手机算吗？"*

我们玩手机的时候，真的感觉到大脑在休息和放松吗？

我们误以为大脑在休息，实际上大脑会越来越累，状态会越来越差。

也有来访者说："平常一直忙，等有了休息时间，却发现自己不会休息，也不会玩。就像去旅游，好像是去玩了，但也只是奔波在各个景点的匆匆过客而已。"

确实，我们善于学习各种知识，但却没有好好学习如何玩。长久以来，玩都是不被允许的。然而，大脑并不受意志的控制。意志说要努力，它未必就会振奋，甚至越逼它，它

反而会背道而驰。

大脑总是渴望新异刺激，从而刺激多巴胺持续分泌，而"游戏化"是非常重要的刺激方式，它可以激发个人的积极性，使其自愿朝着目标努力，让枯燥的工作变得有趣。

另外，你沉浸在低落的状态中越久，类似的神经元越有可能被同时激发，持续低落的可能性也越大，所以你可以尝试一些跳出低落情绪的方法。从效果来说，在令人愉快的情景下学习效果最好，因为当大脑处于愉悦和有趣的情境中时，会变得非常有活力且不知疲倦。

这也是游戏化思维越来越受欢迎的原因之一，如果想让大脑表现得更好，就要顺应它的特点和规律，找到它愿意接受的方式，该休息的时候休息，该玩的时候玩。只有找到适合的切换模式，它才不会罢工。

你可以想一想，什么可以让大脑感觉更好，把这些列成清单，在大脑觉得疲劳、乏味时翻出来使用。

如果你不知道如何开始，可以参考以下三类方法。

## 1. 打破常规法

大脑适应的基本原则是多样性和好奇心。当你发现自己做某件事情变得像吃饭一样简单时，就意味着你的大脑可以迎接新的挑战了。

随着年龄的增长，大脑的功能会逐渐衰退，这时锻炼大脑就显得尤为重要。保持对周围世界的好奇心、去了解生活周遭事物的运作方式，可以让你的大脑快速、有效地运转。即使只是稍微改变日常生活，也可以刺激大脑。

比如，试着走平常不太走的路，试一试新开的餐厅、新的商场、没见过的东西，换一换家具摆设，换一个地方去思考问题，看一些平常可能不太爱看的书。如果平常你喜欢阅读干货书，或许你可以试一试阅读侦探小说、历史小说或者经典著作。此外，你还可以多参与艺术活动，或者试着学习一种新的语言、舞蹈、乐器等。学习这些有意思的东西可以挑战大脑，并且激活神经元。

你还可以试着改变惯性行为，比如多使用非惯性手，或者通过五感与周围环境建立新的联系等，这些改变都可以给大脑带来新的刺激，让大脑保持年轻不"生锈"。

## 2. 简易放松法

当遇到"无论如何也继续不下去了""大脑一片空白，什么也想不出来"的情况时，不妨活动活动身体，转换一下大脑模式。

例如，站起来活动一下身体，倒杯咖啡或去洗手间。即便是简易的运动，也可以提高大脑效率，并且有助于优化信息处理和记忆的功能,让大脑更快地建立新的神经连接。

如果不方便活动身体,也可以做一做手指操。别忽视了手指操,这是一种很好的按摩大脑的方式。手指在大脑皮层的感觉和运动机能中占比最大。经常活动手指可以开发弱势脑、改善左右脑半球的交流、提高注意力和记忆力(图4-5)。

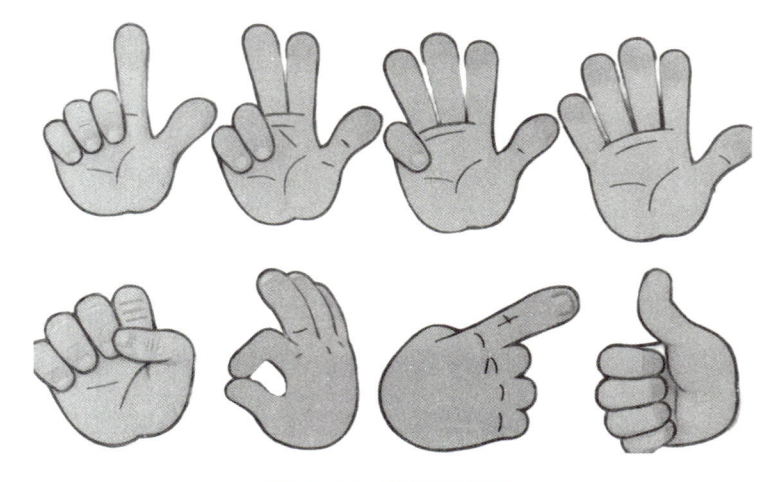

**图 4-5　手指锻炼法**

此外,你也可以直接按摩头部穴位来进行放松,以下这种六步健脑操就是一种很好的方式,可以有效放松大脑。

(1)开天窗。双手搓热,用掌心分别按压两耳,两掌心施加压力后骤然放开,连续做8次(图4-6)。

图 4-6　开天窗

（2）鸣天鼓。双手掌心紧按双耳，五指尖朝向脑后，食指压在中指指背上，用食指快速弹击后脑部，会听到类似打鼓的声音，连续做 8 次（图 4-7）。

图 4-7　鸣天鼓

（3）手扣头。手指弯曲，用指腹轻敲头部的前、侧、后部，持续约 1 分钟（图 4-8）。

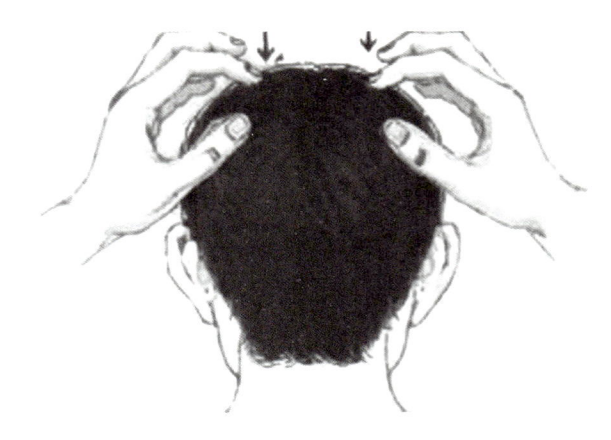

**图 4-8　手扣头**

（4）手梳头。双手手指均匀分开，从头的前部向后部梳理，至少做 10 次。做到头部有发热感为宜（图 4-9）。

**图 4-9　手梳头**

（5）揉风池穴。风池穴位于颈椎两侧的凹陷部位，紧挨着颈部肌肉。手指指腹用适度力量按压风池穴，可以刺激头部和颈部的血液循环，有助于头脑清醒。持续时间约 15 至 30 秒（图 4-10）。

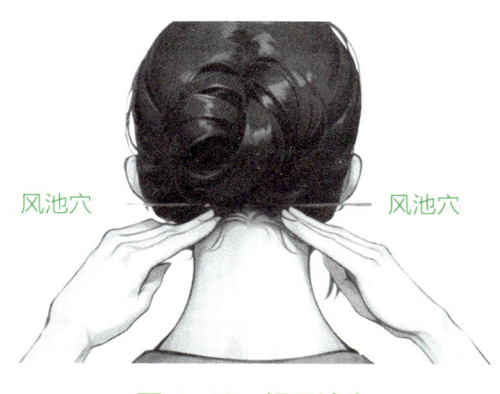

图 4-10　揉风池穴

（6）揉百会穴。手指指腹以适度力量按摩头顶正中的百会穴，持续时间约 15 至 30 秒（图 4-11）。

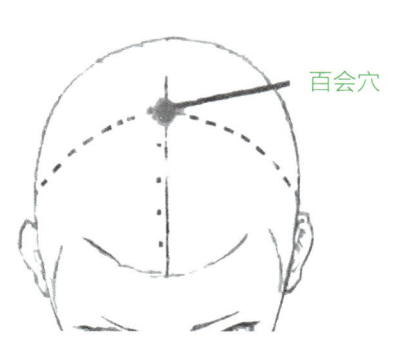

图 4-11　揉百会穴

六步健脑操可以让大脑更快地放松下来，持续时间可以根据个人舒适度和需要进行调整。当然，如果觉得麻烦，只做其中的某一步，或者直接使用头部按摩梳放松也是可以的。

### 3. 自娱自乐法

你还可以主动制造多巴胺，给自己创造快乐。例如，给自己设定一些易实现的小目标，并想象实现这些目标时的愉悦感。这将刺激大脑分泌多巴胺，而你也能更高效地完成工作。

或者，你也可以在完成一项简单任务之后，适时给予自己一些小奖励。这些奖励可以很简单，比如起身去趟洗手间、洗个澡、听首歌，或者在家附近随便走走。这些看似不起眼的生活细节，其实都可以让大脑长久保持活力。

当然，每个人的经历不同、喜好不一，有的人喜欢静态的，有的喜欢动态的，没有什么方式适合所有人。你可以根据这些参考方向列出自己的专属清单。

今夕列出了自己的清单。
（1）用左手刷牙。
（2）看一场搞笑电影。
（3）来一场香氛SPA（水疗）。
（4）到海边散步。

（5）在星空下露营。

（6）为自己准备一顿特殊的烛光晚餐。

（7）播放自己最喜欢的音乐，并伴着音乐起舞。

（8）看一场精彩的脱口秀。

（9）悠闲地逛逛书店。

（10）买花送给自己。

（11）读本好书。

（12）来一场大汗淋漓的热瑜伽。

（13）给未来的自己写一封信。

（14）随机跳上一辆公交车，从始发站坐到终点站。

……

你也可以列出自己的专属清单。

## XXX 的专属清单

第四章 脑力管理——我的大脑怎么又"短路"了?

　　或许,你已经感受到脑力管理的妙用了,改变大脑固有的使用模式需要时间,但只要坚持训练,你就会获得一个充满活力的大脑。别忘了,你只有一个大脑,请好好照顾它。

人就是他所吃之物。

——路德维希·费尔巴哈
（Ludwig Feuerbach）

# 第五章
CHAPTER5

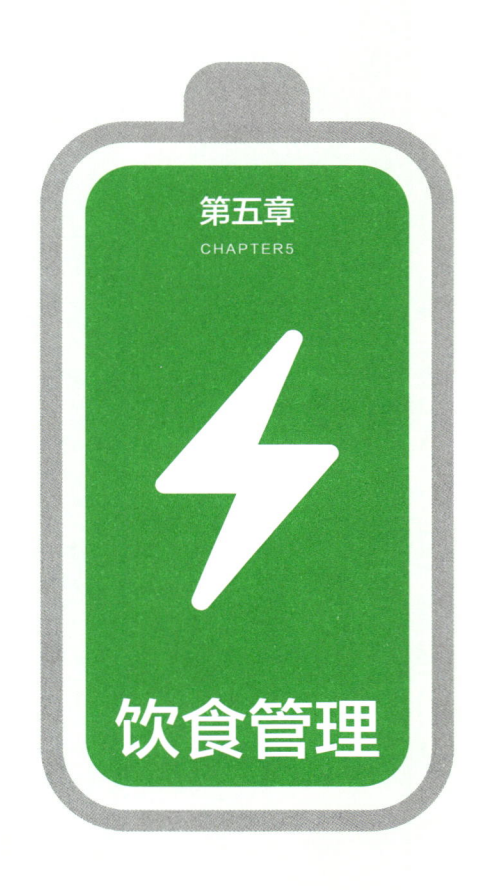

## 饮食管理

——你吃进去的，真的是你需要的吗？

**兮兮:"我实在懒得自己做,三餐都点外卖。"**

这或许是许多人的日常习惯。工作太忙、生活节奏太快,没有时间来好好料理一日三餐,只追求即时的口感,长此以往,不良的饮食习惯会不知不觉地侵蚀我们的健康。

我们只需要遵循基本的饮食管理原则,健康饮食也可以方便快捷并且美味,更重要的是能保持身体的正常运转并保持良好的精力状态。

食物是身体的燃料,吃得对不对,效果千差万别。身体就像一辆汽车,给它加什么油,怎么加的,都会影响其使用状况,甚至是使用寿命。如果你加的是地沟油,一辆好车也会报废。

所以,你加对油了吗?本章我们一起来聊聊饮食管理。

## 一 科学配比，吃对了就不会累

在开始之前，先请大家记录下自己的一日三餐。回忆一下你一天都吃了什么，并填入清单中。

**三餐记录清单**

| 时间 | 早餐 | 中餐 | 晚餐 |
|---|---|---|---|
| | | | |

有不少人的饮食习惯非常固定，总吃包子、饺子和面条。

这样吃营养摄入是否足够呢？大家可以在三餐营养记录表上对自己每天的食物进行分类。分不清楚没有关系，可以先凭印象来分类。

餐次 时间 碳水化合物 脂肪 蛋白质 维生素 矿物质 膳食纤维 水
早餐 _____
加餐 _____
中餐 _____
加餐 _____
晚餐 _____
加餐 _____

兮兮说："感觉我吃的都是碳水化合物和脂肪呢。"

我们就以《中国居民膳食指南（2022）》中设计的膳食宝塔为参考，看看大家一天三餐营养是否均衡（图 5-1）。

盐　＜5 克
油　25~30 克

奶及奶制品　300~500 克
大豆及坚果类　25~35 克

动物性食物　120~200 克
——每周至少 2 次水产品
——每天 1 个鸡蛋

蔬菜类　300~500 克
水果类　200~350 克

谷类　200~300 克
全谷物和杂豆　50~150 克
薯类　50~100 克

水　1500~1700 毫升

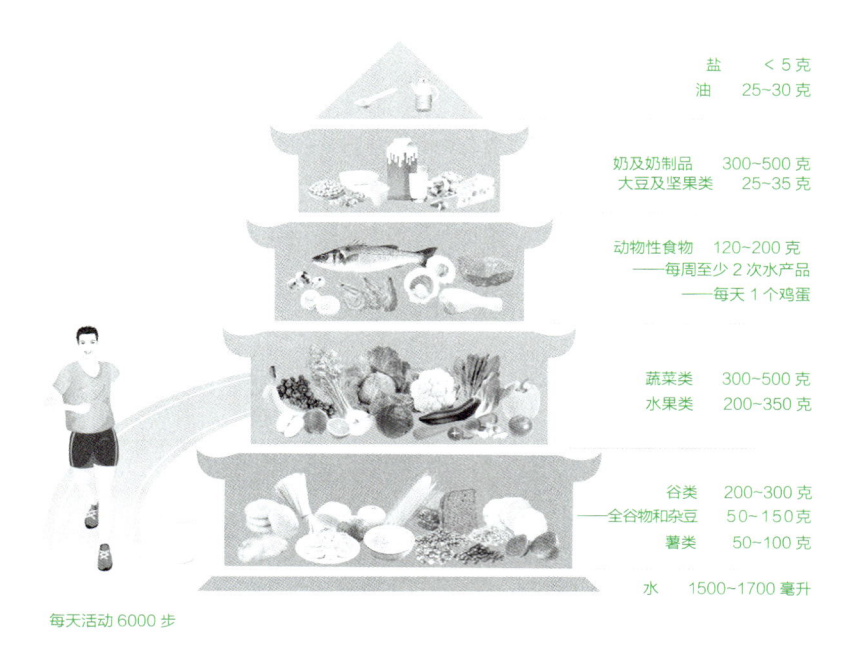

每天活动 6000 步

**图 5-1　中国居民平衡膳食宝塔**

（注：图片来源为人民卫生出版社出版的图书《中国居民膳食指南 2022》）

　　膳食宝塔提供了各种食物摄入量的参考意见，建议每天摄入 12 种以上的食物，每周摄入 25 种以上的食物。

　　以下是具体的建议：

　　（1）水：水是生命的基础，建议每日摄入 1500~1700 毫升。

　　（2）谷类和薯类：谷类是平衡膳食的主要成分，建议每天摄入 200~300 克，其中全谷物和杂豆类 50~150 克、薯类 50~100 克。

（3）蔬果类：水果蔬菜是维生素（如维生素 C）、矿物质、膳食纤维和植物化学物番茄红素（如黄酮类等）的重要来源，每天应摄入蔬菜量 300~500 克、新鲜水果 200~350 克。需要注意的是，果汁不能代替水果。

（4）动物性食物：鱼、禽、蛋、瘦肉含有优质蛋白质、铁、维生素 A、B 族维生素、脂肪和胆固醇，成年人每日平均摄入量应控制在 120~200 克。

（5）奶类、大豆及坚果类：奶制品含有丰富的钙、优质蛋白质和维生素 D；大豆及坚果类含有蛋白质、不饱和脂肪等营养成分。每天应摄入 300~500 克的奶制品和 25~35 克大豆及坚果。

（6）盐油类：过量摄入食盐、烹调油和脂肪是导致肥胖、心血管疾病等慢性病的重要因素。尽量少盐少油，推荐成年人每天摄入食盐量不超过 5 克，烹调油保持在 25~30 克。

膳食宝塔就像是一个房子的框架，我们应先确定结构，再决定如何搭建。我们可以检查自己的饮食营养结构是否全面平衡。如果结构不合理，即便用的都是好材料，也没有办法保持房子的安全稳定。

现在，我们将膳食宝塔分解成人体的 7 种主要营养素

（图 5-2）。

图 5-2　人体必需的 7 种营养素

### 1. 碳水化合物

碳水化合物也被称为糖类，包括谷薯类、水果等，基本可以看作主食，主要提供能量。碳水化合物摄入过多会分解成单糖，多余的糖会转化为脂肪并在体内储存，常常是肥胖、糖尿病等问题的罪魁祸首。

### 2. 蛋白质

蛋白质是构成细胞的基本有机物，同时也是酶和激素的主要组成成分。它主要存在于肉类、蛋类、奶制品、鱼类及豆类等食物中。作为人体三大营养成分（蛋白质、碳水化合物、脂肪）之一，蛋白质对保持良好的免疫力有着不可或缺的作用。如果蛋白质摄入不足，会导致一系列健康问题，如生长发育迟缓、疲劳、无力、皮肤干燥、头发稀疏、肌肉重量减少、体重下降、免疫力下降、贫血等。

### 3. 脂肪

脂肪的主要生理功能是提供能量，维持身体正常温度，保护内脏器官，促进脂溶性维生素（维生素 A、D、E、K）吸收。脂肪的摄入不足将会导致皮肤干燥以及记忆力下降等问题。在适量摄取脂肪的同时，需要控制摄入人工制成的反式脂肪酸（如人造奶油、植脂末中可能含有），它们广泛存在于油条等油炸食物、糕点、薯片、冰激凌、奶茶和咖啡等食品中。

### 4. 维生素

维生素是一类人体必需的小分子有机物质，在人体中的含量不到1%。尽管如此，它们对于人体的重要性是其他营养物质不能替代的。如果体内缺乏这些小分子有机物，人体内很多重要的生命活动都无法完成。因此，维生素也曾被称为"维持生命的元素"或"维他命"。

维生素在人体内无法合成，也不能相互转化，只能从食物中获取，一般极易缺乏，很难过量，并且如果摄取不足，就会出现维生素缺乏的症状。不同种类的维生素缺乏会对身体健康造成不同的影响，因此，很多人会通过服用合成维生素的方式来避免维生素的缺乏。要注意的是，化学合成的维生素还远达不到天然维生素的效果。所以，从食物中获取天然维生素才是最佳选择。

### 5.矿物质

矿物质是人体内无机物的总称，在摄入时要遵循适量和天然原则。尽管矿物质在人体中的含量很少，却有着四两拨千斤的作用，对身体起到十分强大的作用。摄入矿物质非常强调种类全面平衡，其中一种匮乏都会导致健康问题。比如，有来访者长期觉得提不起劲，虽然想法很多，但是无力付诸行动，刚想开始做就已经感到疲倦。这类人常常脸色苍白，有时还会伴有头晕、耳鸣等情况。去医院检查后，发现自己患有严重的缺铁性贫血，通过饮食调理了一段时间之后，其精神状态明显改善。有时候，看似是精神状态的问题，其实可以从身体的营养平衡中找到答案。

### 6.膳食纤维

膳食纤维其实是一种多糖。大众原本认为它既不能被胃肠道消化吸收，也不能产生能量，因此，曾一度被人们当成食物中最"没营养"的成分。然而，随着营养学的深入发展，人们逐渐发现了膳食纤维在营养平衡中的优异表现,膳食纤维被营养学界认定为与传统六类营养素并列的"第七类营养素"。

膳食纤维主要存在于蔬菜、水果中,是肠道菌群的最爱,有助于通便、减肥、预防结肠癌和降低餐后血糖等。现代人普遍存在膳食纤维摄入不足的状况,导致便秘、肥胖、结肠癌等问题越来越普遍,因此,人们也开始越来越重视膳食纤维在营养中的作用。

## 7. 水

七大元素当中,最常被忽略的是水。人体中约有60%都是水,细胞的代谢和物质交换都需要水的参与。保持身体水分充足可以润滑和保护组织器官。有时,我们感到饥饿,实际上是身体在发出口渴的信号。饮水量充足也可以起到防止暴饮暴食的作用。

饮水量因人而异,可以观察两项指标来判断自己饮水量是否足够。第一,是否口渴。当你口渴的时候,身体就已经处于缺水的状态了。第二,观察自己尿液的颜色和排尿量。色深或量小,都是饮水量不足的标志,要赶紧补充水分。

兮兮说:"之前只知道要营养均衡,记录一下才知道自己的营养有这么不均衡。"

想要让饮食更加全面平衡，记录饮食是一种非常好的方式。开始的时候，可能会花费一些时间，但也会让你对自己的饮食习惯有更多的觉察。慢慢地，你就会养成合理搭配、均衡营养的习惯。

饮食记录中可以包括进食时间，以及食物种类、分量等信息。如果发现自己吃得过多，可以记录原因，这样就可以更好地分析自己的饮食状态，避免暴饮暴食和情绪性饮食。好的饮食记录还可以帮助你提前做好计划，节约时间并保持饮食平衡。

当你的"吃商"逐渐提高了之后，即便没有记录，你也可以很好地为自己做饮食计划了。

## 二、健康减糖，减少身体负担

兮兮说："别看我那么瘦，但是去医院测出血糖高，如不及时控制，很有可能变成糖尿病。"

### 另一个小伙伴撇撇嘴："我已经得糖尿病了。"

听到"糖"，你的第一反应是什么？

"胖。"

"肉。"

"糖尿病。"

"脑出血。"

……

对于这个甜甜的词，大家的第一反应都不是甜蜜，而是负担。市面上带有"戒糖""控糖"字样的书几乎都会热销。

糖，真的有这么大的影响吗？

是的。

糖逐渐变成了我们生活当中一个矛盾而复杂的因素。糖为身体提供了能量，但也带来了副作用。

过量摄入糖不仅会让人发胖，还会引发与代谢综合征有关的各种疾病，包括糖尿病、冠心病等，此外，还可能诱发其他慢性疾病，对精力状态产生很大的影响，因此，控糖成为精力管理中一个重要的因素。

我们每天吃了哪些糖呢？

红糖？

白糖？

蜂蜜？

远远不止这些。

在营养学上，"糖"特指简单碳水化合物，也就是单糖、双糖和多糖。甚至可以说，大部分的食物都含有碳水化合物，比如大米中的淀粉、水果中的果糖、牛奶中的乳糖等。

世界卫生组织建议每天摄入的添加糖应该控制在 25 克以下。然而，根据 2019 年的数据，我国人均每日摄入的添加糖已达 30 克。这意味着，我们的摄入量已经不知不觉地超标了。那我们应该如何控糖呢？

在这里，我们要谈一个关键指标：升糖指数。

本来头脑还挺清醒的，吃完饭之后就开始犯困。关于这一情况我们常常听到的解释是，饭后消化系统的血流量增加了，所以大脑的血流量减少了，从而导致脑部供血不足，使人昏昏欲睡。其实，更重要的是因为受到体内血糖波动的影响，导致食欲素发生变化。当食欲素水平低时，人会变得昏昏欲睡；当食欲素水平高时，人会变得清醒且活跃。所以，如果你经常饭后犯困、全身疲惫，那可能是一个饮食结构有待调整的信号。

1981 年，多伦多大学营养学教授大卫·约金斯（David J. Jenkins）博士提出了"升糖指数"（GI）这个概念，这也是健身人士非常重视的一个指数。

简单地说，升糖指数就是食物在胃肠道中被分解成葡萄糖并被吸收的速度，速度越快，升糖指数就越高。通常，我们将葡萄糖的血糖生成指数定为100。升糖指数大于70的食物被视为高升糖指数食物；升糖指数小于55的食物被视为低升糖指数食物；升糖指数在55—70的食物被视为中升糖指数食物。

高升糖指数食物进入胃肠道之后，血糖和胰岛素就如同进行了一次疯狂的过山车之旅。如果短时间血糖无法及时分解，就会储存起来转化合成脂肪（图5-3）。

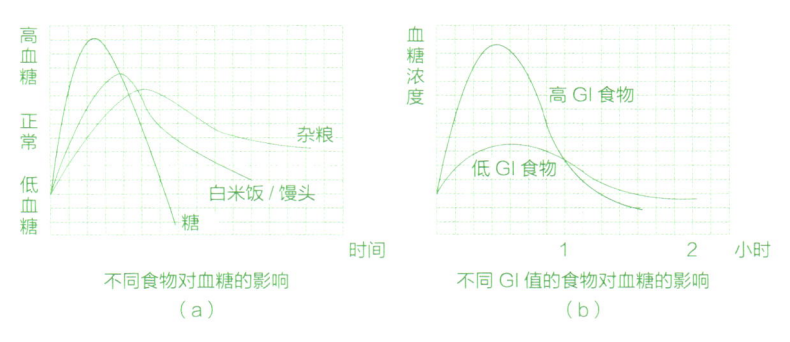

**图 5-3　食物对血糖的影响**

分分说："那米面不都是碳水？那还怎么吃饭？"

其实，不是所有碳水化合物都要避之不及。碳水分为简单碳水和复合碳水，简单碳水包括糖、米饭等食物，复合碳水包括糙米、根茎蔬菜等富含膳食纤维的食物。简单碳水化合物被身体迅速吸收，导致血糖快速升高，而复合碳水化合物升高血糖的速度相对较慢。

除此之外，食物的成熟度（比如熟透的水果和青涩的水果相比，升糖指数更高）和加工或烹饪的程度（比如打成果汁和吃完整的水果相比，升糖指数更高）等因素都会影响食物的升糖指数。简而言之，控糖就是要控制比例，少精多粗（图 5-4）。

| 主食类 100g | GI | 鱼肉类 100g | GI | 水果类 100g | GI | 蔬菜谷物类 100g | GI | 点心类 100g | GI |
|---|---|---|---|---|---|---|---|---|---|
| 法式面包 | 93 | 蛋饺 | 75 | 西瓜 | 95 | 马铃薯 | 90 | 白糖 | 109 |
| 馒头 | 88 | 鱼板 | 71 | 荔枝 | 79 | 红萝卜 | 80 | 巧克力 | 91 |
| 白米饭 | 84 | 贡丸 | 70 | 凤梨 | 65 | 红薯 | 76 | 蜂蜜 | 88 |
| 牛角面包 | 68 | 牛肚 | 70 | 葡萄 | 56 | 山药 | 75 | 甜甜圈 | 86 |
| 意大利面 | 65 | 鲔鱼 | 55 | 香蕉 | 55 | 玉米 | 70 | 洋芋片 | 85 |
| 麦片 | 64 | 培根 | 49 | 芒果 | 49 | 南瓜 | 65 | 鲜奶蛋糕 | 82 |
| 中华面 | 61 | 牛肉 | 46 | 哈密瓜 | 41 | 芋头 | 64 | 松饼 | 80 |
| 荞麦面 | 59 | 火腿 | 46 | 桃子 | 41 | 韭菜 | 52 | 苏打饼干 | 70 |
| 黑麦面包 | 58 | 香肠 | 45 | 樱桃 | 37 | 洋葱 | 30 | 冰激凌 | 65 |
| 糙米饭 | 56 | 猪肉 | 45 | 苹果 | 36 | 番茄 | 30 | 布丁 | 52 |
| 燕麦 | 55 | 羊肉 | 45 | 奇异果 | 35 | 苦瓜 | 24 | 果冻 | 46 |
| 全麦面包 | 50 | 鸡肉 | 45 | 梨 | 32 | 小黄瓜 | 23 | 低脂牛奶 | 26 |
|  |  | 鳗鱼 | 45 | 木瓜 | 30 | 花生 | 22 | 酸奶 | 25 |
|  |  | 牡蛎 | 45 | 草莓 | 29 | 海带 | 17 |  |  |
|  |  | 沙丁鱼 | 40 |  |  |  |  |  |  |

**图 5-4　不同食物的升糖指数参考值**

大家可以查看自己的饮食记录表，或许会发现摄入简单碳水的比例非常高。特别是很多人早餐吃得少，有时甚至不吃，这会导致上午能量不足。到了中午的时候，他们又会吃得特别多，午饭后血糖就会严重超标。一般来讲，30—45 分

## 第五章 饮食管理——你吃进去的，真的是你需要的吗？

钟内他们体内的血糖就会迅速上升，刺激胰岛素大量分泌，之后血糖又迅速下降，从而引发疲乏无力、昏昏欲睡等情况。

所以，饮食均衡有利于你精力充沛地开始一天的工作。建议最好选择低升糖指数的碳水化合物。三餐合理搭配会让你一整天的效率更高。

少吃多餐也是控制血糖波动的好方法。我们在工作间歇总喜欢补充一些零食，不见得是饿了，有时就是感觉无聊了，想要调整一下状态。在总量不变的前提下，大家可以尝试少吃多餐，将一天的进餐次数变为 4~5 次，正餐吃 7~8 成饱。因为每次餐量较小，大部分食物都能转化为能量，还可以避免血糖波动过大，持续保持饱腹感，从而降低暴饮暴食的欲望。

每次加餐和正餐之间最好间隔 2~3 小时，间隔时间过长，可能会造成后续几餐进食过晚；而间隔时间太短，也容易增加进食的次数，导致热量过剩。比如，上午 10：30 左右，来一次加餐，避免中午吃得过多。下午 3 点左右，忙里偷闲吃下午茶，既能放松心情，又能补充能量。

当然，加餐也不要吃热量过高的食物。十几颗坚果、一杯牛奶之类的高蛋白、低升糖指数的食品即可。

今今从包里拿出了自己随身携带的小零食："我吃的都是健康食品呀，怎么精神状况还是那么差？"

> 包装上是写着健康零食，并备注未添加蔗糖，可是一看后面的配料表：整整 4 行的添加剂，其中号称健康成分的原料被排到了第 2 行。

这里要提醒大家，一定要留意配料表中可能存在的陷阱。

我们习惯通过包装、广告、宣传来选择食品，事实上，如果可以看一看食品配料表，就能更加精准地挑选出相对健康的食品。

按照国家规定，配料表应按照添加量递减的顺序排列，也就是说，排位越靠前的成分含量越高。需要留意的是，添加量少于 2% 的成分，可随便排列，无须遵循递减顺序原则。根据这个规则，我们可以初步推断产品的健康程度。

大家可以随手拿起身边的一个加工零食，查看其配料表。

比如，一个乳酸饮料配料表显示为：水、鲜牛奶、白砂糖、全脂奶粉、低聚异麦芽糖、乳酸、海藻酸丙二醇脂、阿斯巴甜、安赛蜜、食用香精（草莓香精/酸奶香精）。

这说明它最主要的原料不是酸奶，也不是牛奶，而是水。

那低聚异麦芽糖、海藻酸丙二醇脂、阿斯巴甜、安赛蜜这些看不懂的化学名词又是什么？

对于各种让人眼花缭乱的添加剂名词，我们可以把握一些基本原则就好。

（1）着色剂：常带"颜色"字眼。比如，甜菜红、姜黄、胭脂虫红、苋菜红、胭脂红、日落黄、柠檬黄。

（2）防腐剂：常带有"苯甲酸、山梨酸、亚硫酸"等字眼。比如，苯甲酸及其盐类、山梨酸及其盐类、亚硝酸盐类。

（3）增稠剂和稳定剂：常带"胶"等字眼。比如，阿拉伯胶、卡拉胶、果胶、琼胶、海藻酸钠、瓜尔豆胶、黄原胶、明胶等。

（4）抗氧化剂：最常用的是酚类物质。比如，丁基羟基茴香醚（BHA）、二丁基羟基甲苯（BHT）、叔丁基对苯二酚（TBHQ）等。

（5）反式脂肪酸：这个大家避之不及的东西，则常常隐身在氢化植物油、代可可脂、人造奶油、起酥油、植物奶油、人造酥油等名称中。

（6）甜味剂：常带有"糖、蜜、甜"等字眼。比如，糖精、糖精钠、甜蜜素、安赛蜜、三氯蔗糖、阿斯巴甜等。

（7）膨松剂：碳酸氢铵、碳酸氢钠、复合膨松剂等。

在选择所谓的无糖产品时也需谨慎。许多产品并不是真的无糖，只是"无添加蔗糖"而已，这些产品可能添加的是麦芽糖浆、果葡糖浆、麦芽糊精等成分，升糖指数往往比蔗糖还高，对控制血糖并无益处。许多代糖餐品亦是如此，食用后不仅不能控糖，反而会导致胰岛素的分泌紊乱，让人感觉更饿，渴望吃到更多甜食，最终导致糖的过量摄入，增加了更多的脂肪。

因此，在选择产品配料时，要遵循一些基本原则：信息越简单越好，配料越少越好，看不懂的化学名词越少越好。

如果看到号称"健康食品"的产品，却有长长的添加剂列表，就赶紧将它放下吧。

## 三 饮食有节，给肠胃减减负

都说"每餐七分饱，健康活到老"。可是，到底什么是七分饱呢？

兮兮："七分饱？是吃了和没吃一样的感觉吗？我从来没有体验过七分饱。我要么很饿，要么很撑。每次出去吃饭，我都是扶着墙进去，扶着墙出来。"

大家都点头："我也一样……"

## （一）找回饱腹感，七分饱也不饿

对饱的感受是人最基本的本能之一，每个人天生具备。但是，只有在专心致志地进食时才能真正感受到饱的差异。想象一下，你在吃饭时的状态，是不是边吃边说笑，边吃边谈生意，边吃边上网看电视。这样会很难感受到饱的变化，容易吃得过多。

饮食有节，指的不是不吃，而是有控制、有节制地吃，关键是要重建与身体的连接。

那七成饱到底是一种什么样的感觉呢？其实，七分饱因人而异，有点抽象，难以形容，专家认为可以参考以下指标来衡量。

七分饱时，应当是胃里还没觉得满，但对食物的热情已有所下降，主动进食的速度也明显变慢，但习惯性地还想多吃，可如果把食物撤走，或者换个话题，就会很快忘记吃东西。

八分饱时，胃里感觉满了，但再吃几口也不痛苦。

九分饱时，还能勉强吃几口，但每一口都是负担，觉得胃里已经胀满。

十分饱时，就是一口都吃不下了，多吃一口都痛苦。

可能有人会说，我根本不知道自己到底吃了几分饱，当我吃完的时候就已经觉得很饱了,这可怎么办?

有几个小方法供参考。

### 1. 做好饱腹感记录

记录是建立觉察的最好方式,在每餐之后,有意识地觉察一下自己的饱腹感,逐渐体会不同饱腹感程度的区别。找到并熟悉七成饱的感觉,把它作为自己的日常食量,有助于预防饮食过量。当你慢慢建立起对饱腹感的觉知后,就可以不再记录了。

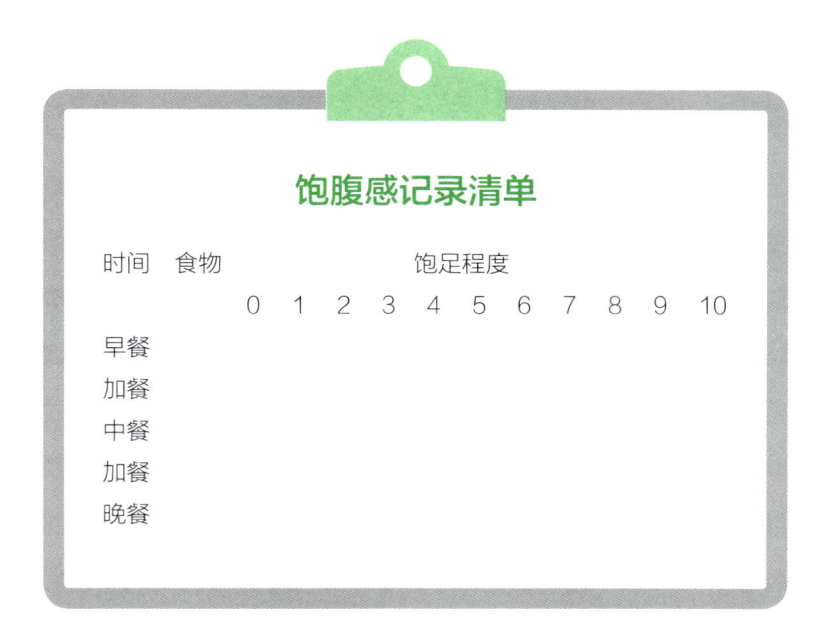

**饱腹感记录清单**

| 时间 | 食物 | 饱足程度 |
| --- | --- | --- |
| | | 0 1 2 3 4 5 6 7 8 9 10 |
| 早餐 | | |
| 加餐 | | |
| 中餐 | | |
| 加餐 | | |
| 晚餐 | | |

## 2. 专心进食

我们可以试着学会享受饮食过程。子曰,"食不言,寝不语",这是流传千年的礼仪古训。这不仅是一种礼仪,也是中国人的养生之道。然而,在当今社会,看不完的信息、丰富的娱乐活动,让人们无法专注,不知不觉就会吃多了。因此,建议大家在吃饭的时候就专注地吃。饱腹感的差异看起来微不足道,但只要你仔细感受,就会发现差别。

许多来访者都会惊喜地发现,当他开始专注地吃饭,就会不知不觉吃得更少,并非刻意限制,而是因为他更早地觉察到了饱腹感。

## 3. 进食有序

你平常吃饭都先吃什么?是先喝碗粥还是先吃个馒头?先别着急吃主食,我们的胃容量是有限的。我们既要有饱腹感,又要控制热量,因此,进食的顺序很有讲究。

一般来说,最好先吃蔬菜,再吃蛋白质食物,最后吃主食。因为蔬菜的优点就是体积大、能量低、膳食纤维含量高,而膳食纤维的优点就是遇水膨胀,使肠胃充满饱胀感,最适合垫底。这样你马上就会觉得饥饿感没有那么强了。这样的进食顺序可以减少能量的摄入,还更容易感受到饱腹感。试试看，你会发现其实自己根本不需要吃太多主食。

### 4. 细嚼慢咽

我们在进餐时，可以适当多咀嚼一会，做到"细嚼慢咽"，至少保证一顿饭吃20分钟以上。因为吃饭20分钟后，大脑才会接收到吃饱的信号。如果吃饭太快，大脑很可能还没得到最新"情报"，人就已经吃多了。

你吃饭的速度也会受环境的影响。比如，同行的人吃得快，你的速度也会不自觉地加快，不知不觉就吃多了。其实，放慢吃饭速度是一种简单有效的方法，可以帮助我们减少能量摄入，并更好地感受到饱腹感。你会发现很多细嚼慢咽的人即使不运动、不节食，身材依旧保持得很好。所以，如非必要，可以试着放慢自己吃饭的节奏，细嚼慢咽。

### 5. 选择餐具

你通常使用什么样的餐具呢？

兮兮说："我用的是韩式拉面碗，时尚美观且方便。"

餐具时尚、美观、方便很重要，可也会带来一个问题——不知不觉你就吃多了。我们对某一类食品的偏好，会导致饮食结构不平衡。为了更直观地了解自己都吃了什么，可以选择使用分格餐盘。将每天要吃的食物放入分格餐盘中，是一种避免饮食结构不合理和过量的好方式。可以选择类似膳食餐盘的盘子（图 5-5），并尽量选用浅盘、小勺、小碗，这种视觉化的方式可以从潜意识上提醒我们控制食量，对于觉察饱腹感也非常有效。

通过调整饮食模式，"七分饱也不饿"就会成为可能。

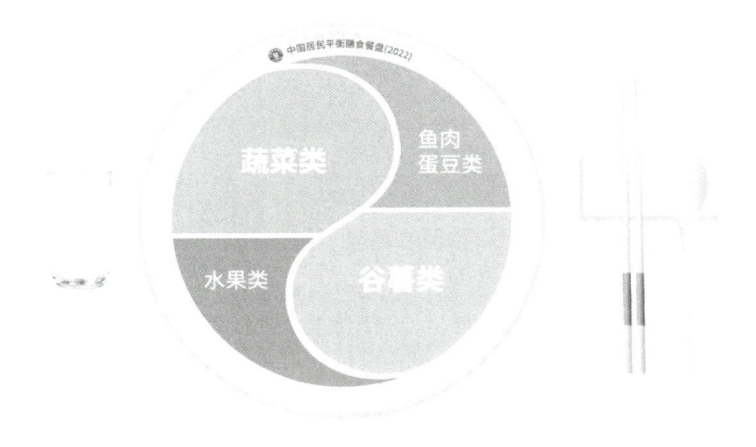

图 5-5　中国居民平衡膳食餐盘

（注：图片来源为人民卫生出版社出版的图书《中国居民膳食指南 2022》）

## （二）轻断食，让肠胃休息一下

> 兮兮："听说现在流行断食，我想试试又怕自己吃不消，很纠结。"

断食法，又分为完全断食和间歇性断食。有一些来访者尝试过连续性地完全断食，发现自己精力不济、体力不支，并且恢复进食之后比原来更能吃了。断食之旅常常以复胖和反弹告终。因此，不建议一般人采用太过激烈的方式。当然，某些有专业习练功底的高手不在讨论之列。

相比之下，现在非常流行的轻断食会相对安全一些，它并不需要严格控制热量的摄入量，而是通过延长空腹时间来降低过量饮食对身体的危害，并让肠胃得到充分休息，激活身体的自噬机制，让身体由内而外散发活力。因此，如果希望改善自己与身体的关系，可以偶尔尝试一下轻断食的方式。

需要强调的是，轻断食并不等于节食。节食的关键是严格控制热量，而轻断食的关键在于延长空腹时间。过饱对于身心无益，肠胃需要长期高负荷运转，缺乏休息的时间。刻意留出空腹时间，哪怕每周只有一次，也有助于减少过量饮食造成的危害，让身体得到充分的休整。

轻断食的具体方法比较灵活，可以根据个人的时间安排来选择"168""186""204""231""5+2"等方式。目前比较常见的是"5+2"和"168"断食法。

### 1."5+2"断食法

按时间安排分为 5 天进食和 2 天轻断食。在轻断食的这两天里，不是不吃东西，而是要适量减少摄入量。可以以每天两餐为原则，每周自行选择两天作为轻断食日（不一定连续）。

### 2."168"断食法

简单地说，就是把一天 24 小时划分为 8 小时进食、16 小时空腹的轻断食方式。"168"断食法因为相对简单、轻松、易达成，所以很受欢迎。

研究显示，在最后一次进食的 10 小时之后，肝脏中储存的糖将被耗尽，身体需要分解脂肪来作为热量，以维持正常的生命功能，超过 16 个小时不进食，人体的自噬机制就会被激活，从而帮助身体免受过度饮食的伤害。

在实际操作时，建议大家把不进食的时间合理安排到睡眠前后。举个例子，假设你每天睡 8 小时，那么只需在此基础上再断食 8 小时，就能凑满 16 个小时。比如，你每天晚上 10 点入睡，早上 6 点起床，那就可以在晚上 5 点前进食完晚餐，早上 9 点再吃早餐，使用"睡前 5 小时 + 起床后 3 小时不进食"的分配模式。如此一来，便能达到 16 个小时禁食的目标。减肥族常说要"过午不食"，这很难坚持。但是，"过五不食"就相对容易得多。这个前后时间分配灵活调整就好，如果觉得 16 个小时禁食压力太大，可以适当放松些，把禁食时间控制在 12~16 个小时之间也可以。

总之，轻断食法有许多不同的时间安排和方法，我们可以根据实际情况，选择最适合自己的方法。

在非断食的时间里面，虽然没有特别的饮食限制，但还是建议以健康饮食为主，均衡饮食，尽量避免高油、高盐、高糖的食物。

在开始的时候，我们可能会不太习惯空腹的感觉，这时可以适量食用一些坚果来帮助自己产生饱腹感。坚果富含不饱和脂肪酸，有利于激活自噬机制，是过渡阶段的好选择。

如果是青少年儿童、孕妇、哺乳期人士、低血糖人群、饮食失调者、有肠胃病或有基础代谢疾病等需要特别注意的人群，就不建议尝试断食法了。

总而言之，将进食集中在 8 个小时内还是 10 个小时内都只是辅助手段而已，最重要的是要尊重自己身体的感受，量力而为，切忌勉强。别忘了，我们的目的是找到适合并且可以持之以恒的饮食方式，从而重新找回和身体的连接。

## 四　找回觉察，改变无意识的进食状态

兮兮说："想吃的时候，我会容易失控，忍不住吃很多，吃了又很后悔。后来，我会模仿某些明星催吐，想吃的时候就疯狂大吃一顿，然后奔向厕所，抠喉咙吐出来。一场忙乱，好像吃了，又好像没吃。可没过多久，我开始嗓子不舒服，胃也不舒服。医生说这是暴食症，是神经性进食障碍的一种，频繁催吐会引起胃的痉挛，甚至导致食道破裂出血，轻则伤身，重则要命。"

老师问："在你吃的时候，你能分得清楚，是你想要吃还是需要吃吗？"

兮兮点点头，又摇摇头。

兮兮的状况其实不是个例，越来越多的人深受情绪性进食的影响。

需要吃是生理的需求，想要吃是心理的满足，我们常常分不清楚。

在缺乏安全感时，我们会用吃来满足自己；感到生气和焦虑时，我们会用吃来安慰自己；感到愉快和兴奋时，我们会用吃来犒赏自己；感觉无聊时，我们会大吃一顿来麻痹自己。

任何时候，我们都有一个饿了之外的理由让自己大吃一顿。很多时候，我们的进食并不是为了满足身体的需要，而是为了满足心理的需要。

在渴望苗条身材时，我们又会用意志力来抑制身体对食物的需求。这导致身体内部的饱胀感和饥饿感变得错乱。每次都说，"最后一次""最后一口"，却又一次次地放弃底线，陷入深深的自我责备和抱怨之中。

想要了解兮兮暴食症的缘起，我们要回到她还是婴儿的时候。在生命最早期，婴儿的意识尚未形成，所有的情绪都被潜意识所接收。那时，照料者只要听到她哭，就会直接用奶瓶塞住她的嘴。这种喂养方式切断了她和自己情绪的联结，导致她在有情绪的时候会习惯用食物来满足自己。但又因为沟通的渠道被食物堵住，她对食物也产生了抗拒感，导致她和食物之间的关系越发恶化。

心理学上对暴食症有很多不同的解读，有人认为它是本我和超我之间的斗争，有人认为它是口欲期未得到满足的结果，有人认为它是情感和理智割裂所导致的……不管是哪种流派，它们都试图从不同的角度来表达同一个意思：你吃的，不仅仅是食物，还是情绪。

食物本来是大自然的恩赐，但对于情绪性进食者来说，食物变成了情感发泄的替代品。食物被视为必须严防死守的敌人，人和食物的关系从和谐合作变成了扭曲对抗。不少人的减肥计划都是从挨饿开始，又以暴饮暴食宣告失败，周而复始。

如果不确定自己是否是情绪性进食，可以看看下面七种常见的表现，你是否经历过。

（1）经常在不饿的时候大口进食。

（2）经常吃得太饱，肚子撑到不舒服。

（3）经常一个人躲起来闷头大吃。

（4）进食速度比一般人要快很多。

（5）在短时间内摄入的食物量比一般人要大很多。

（6）吃完饭以后，经常会产生负面情绪。比如产生焦虑感、抑郁感、内疚感和厌恶感。

（7）在进食时，经常感觉自己停不下来。

每个人都有自己情绪的触发点，情绪性进食可以在短期内分散注意力，但你会发现，造成你情绪失控的问题依然存在。而且你不仅要继续忍受这些困扰，还要应对情绪性进食所带来的一系列遗留问题。

因此，应对情绪性进食问题，最重要的一点是要学会倾听身体的信号，尊重自己的感受，让身体感受和进食行为实现和谐统一。

（1）首先问问自己"我是真的需要吃吗？"，感受自己的身体有没有饥饿的感觉，想吃，是生理需要还是心理需要？

（2）确认你当下的情绪。如果你不是因为饥饿而想吃，那你现在的感受是什么？是委屈？是愤怒？是焦虑？是失落？你可以试着为自己的情绪命名。

（3）找到自己真正的需求。你可以试试之前提到过的自由书写的方法，通过不断调整自己的思绪，探索内心真正的需求。

（4）除了吃之外，还有什么替代方案吗？吃是在生命早期应对情绪的主要方式。那时的你应对方式还比较单一，但现在已经不一样了，你完全有能力找到更成熟的应对方式，比如冥想、运动、写作。你的好感觉清单（第四章章末的专属清单）这时可以派上用场了。

（5）如果还是想吃，选择对身体伤害最小的方式。如果你还没有建立起更成熟的应对方式，还是需要口欲的满足，可以换一种自己心理更能接受的、对身体损害更小的方式。比如，可以吃些蔬菜，喝些果汁、花茶、汤汤水水。你总不会因为喝多了花茶而催吐吧？

（6）远离诱惑，别考验人性。来访者常说："不要考验我，我经不起诱惑……我只吃一两口……算了……吃完再吐吧……"通常，让你后悔的往往不会是吃了黄瓜、西红柿这些健康的食品，更有可能是那些高油脂、高热量的食品。因此，不建议大家在家里囤积这类食品。在你建立更好的应对方式前，避免失控的最好方法就是远离诱惑。

（7）接纳自己当下的状态。不要过度责怪自己，吃了就吃了吧，偶尔吃多点又有什么关系呢？越想控制，往往越容易失控。接纳你此时此刻的状态，本身就是一种更好的应对方式。

（8）寻求有效的陪伴。如果觉得这些建议都难以实现，你可以找一个专业的心理咨询师，专业人士的陪伴会让这个过程容易些。

面对情绪性饮食问题，最重要的是与自己的内在建立连接，倾听情绪敲门的声音，为情绪命名，并为它找到一个出口。如果你一直忽略它，它就只有通过外化的行为和身体反应来表达自己了。通过倾听、接纳、释放，你的情绪性饮食问题就会有所改善。

请记得，其实你需要的没有那么多。

## ▍助力小技巧 5：了解饮食冥想，学着和食物谈恋爱

"我们每天都要吃东西，你有没有试过每一餐、每一

口都专注地吃呢？"

兮兮摇了摇头。

"那你一般都是怎么吃饭的呢？"

兮兮说："一般就点开视频，边看边吃，没有点儿背景音乐，感觉有点儿怪怪的。"

我们是不是也是这样？一边吃饭一边刷着手机，总想着一心两用，提高效率，并且没有办法安安静静地吃一顿饭。殊不知，这样反而会让我们食不知味，越吃越多，看似提高了效率，实则影响了感受。

如果你也有和兮兮一样的习惯，那么你可以试试饮食冥想。你会发现，当专注地吃饭时，食物的味道会变得和平常不一样。

饮食冥想是一种冥想方式，被广泛认为是解决进食障碍的利器。它的目的不是帮你减体重，而是帮你开启一种新的生活方式。它能让你重新审视自己与食物之间的关系，重新找回对食物的觉知。生活中的大部分食物都可以用于饮食冥想。

比如，我们可以先体验一下最普遍的葡萄干冥想方法。

现在，你可以先慢慢地调节呼吸，深深地吸气，慢慢地呼气，让身体逐渐放松下来。

## 第五章 饮食管理——你吃进去的，真的是你需要的吗？

首先，把注意力放到一颗葡萄干上，仔细地观察它，就好像从未见过它那样。仔细观察它的外观，包括颜色、褶皱、大小、透明度以及阳光下发出的光芒。当你凝视它的时候，留意心中涌现的想法和情绪。

然后，仔细地闻一闻它的气味。它的气味会让你产生怎样的联想呢？

接下来，用手指触摸它，感受它的触感，体会自己如何准确地把它放到嘴边，缓慢放到嘴里，感受它的纹理和口感。

最后，慢慢咀嚼，让它的味道在口腔回荡。你甚至可以去想象这颗葡萄生长的环境，周围的肥沃的土壤、灿烂的阳光和清新的空气。

这个练习会让你体会到，如果想要享受食物，最佳方式便是：细细品味。

> 兮兮说："这哪是在吃葡萄干，简直是在和葡萄干谈恋爱。一颗葡萄干，也能吃到饱。"

在日常饮食中，你可以试着保持这种和食物谈恋爱的心情来进食。完成冥想后，再花一点时间回味一下刚才的练习过程。进食中你注意到了什么？是否有种想要吃快点的冲动？品尝每一口时你是否都有仔细品味？在这个过程中，你的眼耳鼻舌的感受是怎样的？

> 兮兮说："这次冥想让我重新认识了葡萄干，它好像滋养了我身体里的每一个细胞。"

其实，这是利用五感将注意力集中到食物和品尝的动作上。你会发现，你好像第一次真正地尝到葡萄干的滋味，哪怕只吃一颗，也会感到心满意足。

如果在日常生活中多做这个练习，有意识地运用五感、集中注意力，就能更专注于眼前的事，并且自然而然地实践专注当下的生活方式。

我们每天都在吃，或许是要好好审视一下我们和食物的关系了。

毕竟，好车需要好油，更需要正确的加油方式。

长期的适量运动对我的身体健康起到了关键作用。寿命长短，大多不取决于衰老和疾病，而是取决于正确的生活方式。现在很多年轻人，正是因为没有养成正确的生活方式，身体才会出现各种疾病，器官才会衰老得更快。

——钟南山

# 第六章
CHAPTER 6

# 体能管理

——什么也没做，为什么却感觉很累？

> 兮兮："运动？放过我吧，有时间我只想躺平。"

懒得动似乎已经成了一种常态（图6-1）。扫地有扫地机，洗碗有洗碗机，甚至连做饭都可以交给机器人了。懒人推动科技进步，科技又让我们懒得心安理得。有人一个月不出门都没有问题，能不动就不动，可为什么大家每天还是会觉得很累呢？

图 6-1　懒得动似乎成了常态

回顾人类进化史，我们可以发现，狩猎时代是人类运动量最大的时期。人类需要靠跑、跳、爬等各种技能来生存，这样的生活方式逐渐塑造了我们强壮的身体。

但是，现代社会的生活方式不再需要这些技能，我们长时间处于久坐和躺平的状态，运动量也随之降低。现在，或许是人类进化以来运动量最低的时期。"躺平"来得太快，基因还来不及适应。现代生活习惯与身体基因逐渐失衡，于是各种现代病应运而生，高血压、糖尿病、血脂异常等问题普遍出现。在这个充满钢筋水泥的城市里，如何让身体逐渐找回平衡，成了我们面临的新课题。

其实，最好的解药就是运动。通过运动，我们可以让身体重归平衡。

那些被大家称为"逆生长"的明星们大多有一个共同的特点，就是爱运动。

作为一名心理工作者和瑜伽导师，我发现不同工作状态的切换，可以提升我的精力使用效率。

研究表明，运动对改善情绪、提升工作与学习效率、提高创造力，以及提升专注力等方面都有积极的作用。

所以，我通常会问来访者一个小问题："你平常有没有运动的习惯呢？"如果没有，我会进一步询问："有没有什么运动是你愿意试试看的呢？"

一方面，通过运动释放的内啡肽、多巴胺可以缓解情绪；另一方面，运动可以让对内的自我攻击转化成对外的能量释放，从而减少自我负面评价。适量运动对精力和情绪状况都会起到非常大的改善作用，可以说是不花钱的抗抑郁药。

当然，找到适合自己的运动项目是关键。如果对这一项目毫无兴趣也会让你难以启动。

运动项目种类繁多，动态的、静态的、单人的、多人的，天上的、水里的……可以花点儿时间想想看，哪一项运动会让你感到愉快，让你愿意开始尝试。

一般来说，人们会倾向于选择与自己气质类型相符的运动，偏内敛的人会偏好相对静态的运动方式，偏外向的人会偏好相对动态的运动方式。

当然，这并不意味着你要将自己局限于某一特定类型上。气质类型和运动方式也可以相互影响，互相促进。你可以拓宽自己的选择，用运动来调节自己的气质类型，改善气质中的一些惯用模式。偏外向的人，可以选择让自己安静下来的运动，而偏内敛的人则可以尝试一些能够释放自己能量的运动方式。你可以根据自己的运动习惯、体能水平和精力水平来设定体能管理方案，循序渐进，事半功倍。

只要你愿意尝试，愿意坚持，愿意离开沙发动起来，不同的运动方式都可以试试看。通过突破自己的偏好，或许能打开自己的边界，看到不一样的世界。在这一章，我们来聊聊体能管理。

## 一、纠正体态，站对了也会瘦

人之根本为体。一个人的体态会透露很多信息，身体也会用各种各样的方式提醒我们，也许是酸胀，也许是呼吸不畅，也许是疼痛，只是，我们对于这些信息，往往习以为常，不够重视。

我们可以尝试进行简单的自我评估。你可以先闭上双眼，原地踏几步，自然站立，在最自然的状态下进行评估。这样可以更准确地反映出你的真实状态。然后，从正面、侧面和背面拍照，观察你身体的姿态。这是一种有效的自我评估方式（图6-2）。

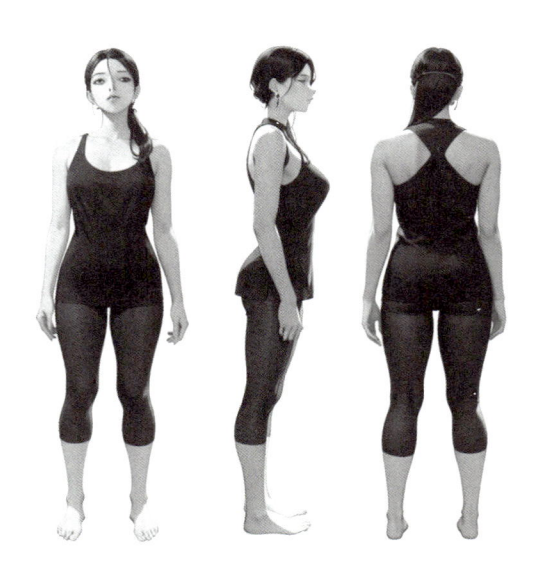

第六章 体能管理——什么也没做，为什么却感觉很累？

图 6-2 人的标准体态

首先，我们来看看健康的标准体态。

（1）从正面看，双肩平衡，腰部对称，头在脊柱的延长线上，骨盆中正。

（2）从侧面看，脚、膝、髋、肩、耳朵在一条直线上。

（3）从背面看，耳垂在一条直线上，双肩平衡，肩胛骨下角在一条直线上。

站，看似人人都会，却不是人人都对。那些勾肩驼背、高低肩、O 型腿、X 型腿等问题姿势（图 6-3），都是日积月累而成，并非一日之功。

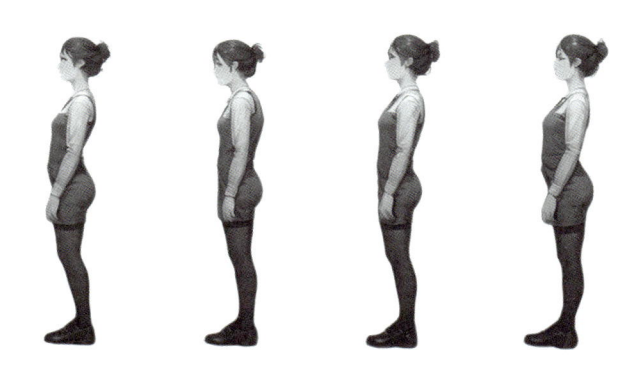

**图 6-3 常见问题站立姿势**

如果你想改善问题姿势，我推荐一个基础的瑜伽体式——山式，它被视为所有瑜伽体式的根基，也是解剖学意义上的标准姿势。山式，意为像山一样稳固、不动摇，是最基本的站立姿势。将山式做好，能在行坐站卧时都有平衡和稳定的感觉（图6-4）。

**图 6-4 山式站立**

山式站立的基本要点包括以下三点。

（1）双脚并拢站立，脚掌平放，脚趾稍微分开，将体重均匀地分配在双脚上，保持身体的平衡和对称。

（2）双腿伸直，大腿内侧肌肉收紧并向上提升。

（3）保持自然呼吸，脊椎向上延伸，感觉就像身体中央有一根绳子，将力量一直传递到头顶。

这个体式看似简单，其实很有难度。你要对抗长久以来的错误发力习惯，这并非易事，其中包含一些经常被人忽略的细节。

（1）脚掌是否均匀受力。可以观察自己最常穿的鞋子，看看鞋底磨损最严重的一部分是哪里？内侧？外侧？还是鞋后跟？这都是不正确的用力习惯导致的结果。

瑜伽大师 B. K. S. 艾扬格（B. K. S. Iyengar）曾说过："人的脚掌如同大树的根，根基扎好，运用到所有体式中，身体都会更稳定。"

如果脚掌发力习惯不正确，就会引起全身的连锁反应。因此，我们可以先从脚掌开始调整，试着先勾起脚趾，找一找脚掌均匀向下扎根的感觉。你会立刻发现，你的腿部线条发生了改变。

（2）骨盆是否稳定。一些看似性感的姿势实际上并不健康，比如大家常常羡慕的 S 型身材，其实是最常被忽视的骨盆前倾问题。骨盆前倾是指骨盆向前过度倾斜，导致腰椎过度弯曲的一种状况。以这种姿势走路时间越久，对身体的伤害越大（图6-5）。

图6-5 骨盆前倾

作为身体重要的连接枢纽，骨盆前倾通常会引发一系列的连锁反应。首先，影响脊柱形态和身材曲线，有可能导致脊柱弯曲、压迫神经以及损伤肌肉，进而引发肩颈酸痛和腰酸背痛等问题。其次，骨盆前倾还会影响盆腔内脏器和生殖器官，导致身体寒冷、便秘、痛经等问题，严重时可能引发多种妇科疾病，危害不容小觑。

你可以简单估测一下骨盆状况，背靠墙站立，头、肩、臀、足跟紧贴在墙上，正常情况下，腰部缝隙的大小只能允许一只手掌平行通过。如果塞进一只拳头仍绰绰有余，说明可能存在骨盆前倾的状况；如果在自然状态下，缝隙根本就不存在，说明可能存在骨盆后倾的状况。

相对来说，骨盆前倾的情况比骨盆后倾更为多见，这和人们的身体状况、日常习惯都有很大的关系。当你调整好骨盆之后，可能会惊喜地发现，一直令你困扰的小肚子忽然就不见了（图6-6）。

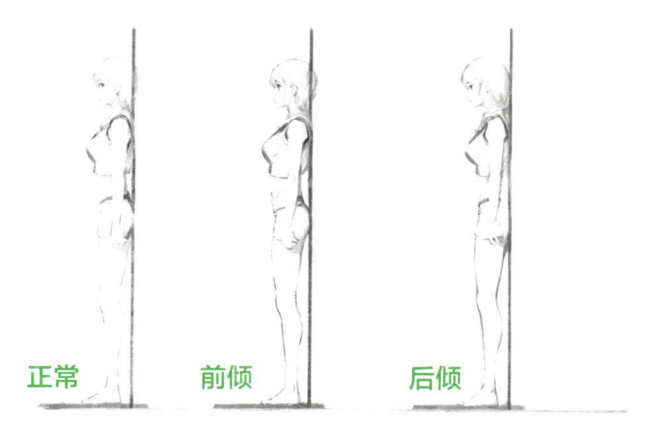

正常　　前倾　　后倾

图 6-6　骨盆状况

还有一种比较常见的状况是骨盆侧倾。一些常见的小问题，比如高低肩，裙子老是偏离中线，左右鞋底磨损不均，走路总是挤向一侧等，都可能与骨盆侧倾有关。

现实中，大部分骨盆问题并非病理问题，而是长期姿势不正确所致。比如站立时，很多人都习惯把重心放在一只脚上，还有人喜欢跷二郎腿……日积月累，都有可能会造成骨盆问题。

再次强调一下，身体姿态需要全身协调。如果姿势不对，就会有其他的肌肉去代偿，久而久之，就会造成某组肌群不平衡，进而引发其他问题。开始的时候，我们需要在生活中多觉察，避免自己又使用原来的不良姿势。形成新的习惯之后，就可以自然而然地运用更准确的姿势。

心理学家弗洛伊德说过："自我可以被认为是身体表层的一种心理投射。"身体，其实就是最根本的自我体现。肢体语言是会说话的，你在使用它，它也在表达着你，它会传递出你最直接的心理感受。

看看这两个身体姿势，你觉得哪个人会更相信自己能获得成功呢（图 6-7）？

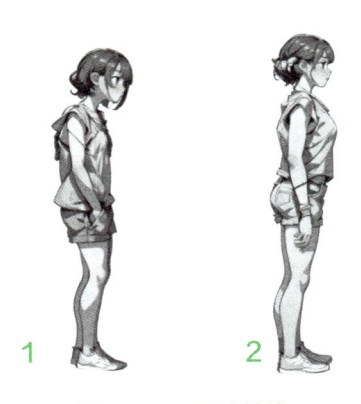

图 6-7　两种站姿

统计结果显示，更多人会选择第二个姿势。的确，无论是从给别人的感受，还是自己内心的感受来看，第二个姿势都显得更加舒展。

许多情绪低落的来访者常常以第一个姿势来到咨询室，当情绪有所改善后，会更多地使用第二个姿势。多舒展身体也可以直接改善情绪，所以，当你感到没有头绪、无从下手时，不妨从改善身体姿势开始吧。

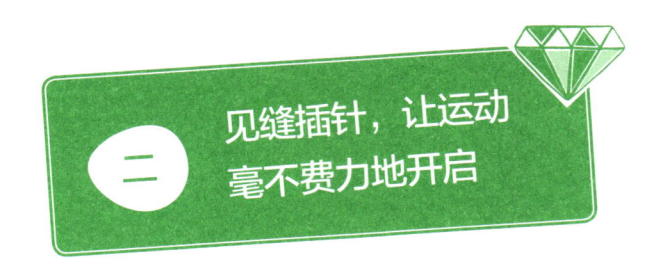

## 二 见缝插针，让运动毫不费力地开启

兮兮又迟到了，气喘吁吁地说："电梯人太多，我走楼梯上来的。"

大家笑道："才三楼就累成这样？"

兮兮摆摆手，满头大汗，赶紧坐下擦汗，说："这对我来说已经是全天的运动量了。"

老师问道："大家平常有做什么运动吗？"

"呼吸算吗？"

"打游戏算吗？"

"走路算吗？"

……

老师又问："那大家觉得自己的体能状况怎么样呢？"

分分："靠着一口真气撑到今天。"

好像找到了代言人，大家都笑了。

我们可以花几分钟时间来自测一下自己的体能状况。

（1）一口气上三楼感觉如何？

（2）平板支撑能保持多长时间？

（3）双手在身后交握，可向上抬多高？

（4）闭眼金鸡独立能保持多久？

几个简单的动作已经让大家叫苦连天，分分连连摇头："不测一下都不知道自己的身体已经弱成这样！"

其实，不是你的体质弱，而是你的体能管理还有待改善。只要你愿意花时间、花精力，有效训练，科学管理，身体的变化会是立竿见影的。

## 1. 科学训练，全面提升健康水平

从体能管理的角度来说，科学的训练方法是：开始 + 循序渐进 + 多样化。

我们可以选择什么运动项目呢？许多人会习惯性地做单一的项目，喜欢力量训练的习惯专攻健身房，喜欢柔韧的对力量不屑一顾等。

其实，运动和选择食物一样，也要多样化，只进行单一的运动项目很难达到全面健康的效果。单一项目会导致某些部位长期劳损，某些部位却又长期荒废，身体功能逐渐退化，这样何谈锻炼和滋养。

人体的各项功能都需要合理适度的运用，不同的运动形式，锻炼的效果也不尽相同。我们可以将运动大致分为四个板块：有氧运动、力量训练、柔韧练习和协调练习。四个板块需要有机结合，缺一不可。我们可以尝试以不同的方式锻炼不同的部位，使运动多样化，这样做更容易达到全面健康的目标（图 6-8）。

## 2. 以有氧运动锻炼心肺功能

四大板块当中，大家最耳熟能详的或许是有氧运动。所谓有氧运动，就是人体在氧气充分供应的情况下进行的运动。

图中文字：
- 心肺 / 保障健康长寿 / 有氧运动
- 肌肉骨骼 / 提高生活质量 / 力量训练
- 全面健康
- 柔韧练习 / 筋骨关节 / 预防损伤疼痛
- 协调练习 / 神经调控 / 体现技能活力

**图 6-8　全面健康的四个板块**

当然，有氧和无氧永远无法完全分开，因为没有哪项运动是完全无氧的。有氧运动的过程中需要吸入大量氧气，对心肺功能是很好的锻炼，可以增强肺活量和心脏功能。简单来说，心肺功能是指人摄入氧气并将其转化为能量的能力，就像人体的气泵一样。人体的许多生理反应都需要氧气的参与，人或许可以三天不吃不喝，但一刻也不能没有氧气。

前文的爬楼测试，如果大家用正常的速度爬上 3 楼，没有明显的气喘、胸闷，说明心肺功能良好。兮兮爬 3 楼就已经气喘吁吁了，说明心肺功能有待加强。

进行有氧运动的重点在于对强度的控制，合适的运动强度范围通常是最大心率的 60%—75%，计算最大心率的公式是：220 - 年龄。比如，兮兮今年 35 岁，其最大心率为 220 -

35=185，那么 185×60%=111，185×75%=139，可得出兮兮在进行有氧运动时，使自己的心率保持在 111—139 次/分的锻炼强度是比较合适的。当然，实际的运动强度还应根据个人的生理条件进行调整，例如年龄、体质等。对于年纪较轻和体质较好的人来说，可以在强度范围的上限进行运动；对于年龄较大和体质较差的人来说，建议在强度范围的下限进行运动。

当然，心肺功能是可以通过训练改善的。有氧运动的方式有很多，比如步行、快走、慢跑、游泳、骑自行车、打羽毛球等。你可以根据自己的喜好进行选择，也可以将多种运动方式进行组合，使运动更加多样和有趣。每周 3—5 次，每次 30 分钟左右，就会有很好的效果。

兮兮说："现在 HIIT 很火，刚开始我做了几分钟就快不行了，上不来气，头晕眼花。"

高强度间歇性运动锻炼（HIIT）是近期大火的运动形式，虽然在减脂方面具有显著的效果，但并非每个人都适合这种高强度的运动方式。像兮兮这样体能较弱且没有运动习惯的人，不应盲目追求强度，建议还是要循序渐进，从低强度的运动开始，控制在可对话、轻微气喘的程度即可。这样不仅可以提高心肺适应能力，还可以避免运动损伤和身体不适。

### 3. 实践 NEAT 运动法，充分利用碎片化时间

我们都知道运动对健康有益，但很多人还是无法启动。这些人觉得运动需要专业装备、健身卡、充足的时间等，这些都成了很多人不愿意运动的借口。

"打工人身不由己，我们哪有时间啊？"

"太累了，不想动。"

……

其实，真正的问题在于我们内心的抗拒，这会让我们寻找各种各样的理由来推脱搪塞。所以，如果想让自己启动起来，我们就需要找到一种更加简单的方法，比如，现在非常流行的 NEAT 懒人运动法。它的核心理念是在日常生活中利用所有非刻意运动消耗热量。这意味着我们无须刻意参加体育锻炼或健身运动，而只需要关注日常活动中的热量消耗。

在生活中，我们观察到这样的现象：越胖的人越不爱动，而身边那些爱动的人，即使没有太多的时间也会进行有规律的运动，并且不容易发胖。二者之间的热量消耗差异，就源自 NEAT[1]。

---

[1] NEAT，全称是 Non-exercise activity thermogenesis，中文为非运动性热消耗。——编者注

其实，NEAT 并不新鲜。在日常生活当中，有一些毫无难度就能完成的活动，比如站着看电视、多步行少开车、多爬楼梯少乘电梯、遛狗等，这些都是 NEAT。这些看似微不足道的动作也能帮你消耗不少的热量。当开始刻意使用 NEAT 运动法时，你会逐渐变得更加健康。

在忙碌的生活中，大家拥有的整块的时间不多，如果能充分抓住碎片化时间，消耗额外的热量，也是不错的选择。

兮兮说："这听起来好像不太难。"

的确，NEAT 运动法比集中时间去健身房锻炼更容易坚持，也不需要做太多的心理建设。你可以根据每天的安排和心情，制订自己的 NEAT 计划。即使你日理万机，也能够挤出时间完成计划。

大家可以先确定当天计划消耗的总热量，然后将总目标分解成更具体的小目标。比如，可以按照不同运动所需的时间来分解目标，1 分钟、5 分钟、10 分钟等。

在日常生活中，走路是日常最佳有氧训练，没有时间去健身房，可以通过走路消耗热量。假设你到公司需要坐三站公交，你可以坐两站，走一站。当然，不是随随便便、勾肩驼背地走，你可以以瑜伽山式的姿势走，腰背挺直、腿脚有力，双臂自然摆动，你会发现整个人的状态都不一样了，身体变得轻盈有力，整个人都挺拔了。这时，你就会发现走路的好处了。

你还可以设计一些活动在碎片化的时间进行。

比如，看电视时，你可以每隔 5 分钟起来活动一下。

等车时，你可以踩踩台阶，拉伸一下小腿后侧。

等咖啡时，你可以踮一踮脚后跟。

接电话时，你可以稍微离开位置走动一下。

走路时，你可以顺便拉伸一下手臂。

这些简单的运动看似微不足道，但长期坚持下去，累积起来会有意想不到的效果。

作为高效能人士，我们更需要把握好碎片化时间，把运动融入日常生活中，慢慢地，这会变成生活的一部分。不论多小的运动量，哪怕洗个碗、擦个桌子，都是运动。只要按下启动键，就是一个好的开始。

## 三 核心训练，增强身体控制力

兮兮说："力量训练？我可不想练成大块头。"

别想多了，肌肉可不是那么容易练成的，能隐约练出些线条，已是不易。

其实，力量训练的意义远不止于练肌肉，肌肉的外形只是力量训练的附加效果而已。

肌肉力量的评估一般有两个维度：一是爆发力，二是耐力。因此，力量训练的主要目的就是练肌肉的爆发力和耐力。

一根橡皮筋，用的次数多了会变得越来越松，而肌肉正相反，会越用越紧张，特别是在一个不正确的姿势下反复训练同一组肌肉，会导致某些肌肉过度紧张，从而引发炎症和关节疾病，降低生活质量。

因此，力量训练的重要意义在于，让肌肉该紧的紧，该松的松。

在力量训练中，核心肌群的训练非常关键，健身教练常会提到"核心"这个词，它指的是负责维护脊柱稳定的肌肉群，担负着稳定重心、传导力量等作用，也是整个身体的重心所在。

例如，前面提到的骨盆前倾，不仅是个人习惯的结果，究其根本，还是核心力量薄弱所致。腰部伸展肌群和屈髋肌群过于紧张，而腹部肌群过于松弛，会让身体前后两侧的肌肉不平衡，最终导致骨盆前倾。这种情况是可以通过核心力量训练加以改善的。

核心稳定性在日常生活的各种活动中至关重要。可以说，核心稳定是身体活动的基础。它可以为肢体运动创造支点，从而提高身体控制和平衡能力。

一般来说，姿态优美挺拔、身体控制力和平衡力强的人，核心肌肉群控制力不会差。核心肌群就像是我们身体的安全气囊，可以给身体以保护和缓冲。良好的核心稳定能力可以帮助我们保持正确的姿势，减轻久坐对人体的伤害。所以，久坐的上班族更应该注重核心肌群的训练。

*兮兮接着问："那是不是需要用健身器械才能练呢？"*

我们的祖先哪有什么健身器材呢？只要有方寸之地，每天花几分钟的时间，就可以对核心肌群进行强化。下面就给大家推荐几种简单、易操作的核心力量练习方式。

### 1. 平板支撑

平板支撑也被称为最佳身体核心力量训练动作。它的优点是，时间投入少、占用场地小、可随时练习，并且可以在较短的时间内看到效果。最重要的是这个动作可以全方位地锻炼核心肌群，让运动能力得到整体的提升（表6–1）。

表 6–1 平板支撑时长

| 评价 | 平板支撑时间 |
| --- | --- |
| 顶尖水平 | 大于 6 分钟 |
| 优秀 | 4—6 分钟 |
| 良好 | 2—4 分钟 |
| 一般 | 1—2 分钟 |
| 差 | 30—60 秒 |
| 很差 | 15—30 秒 |
| 极端差 | 小于 15 秒 |

平板支撑很容易上手，但关键是姿势要正确。

*大家的眼睛都齐刷刷地看向兮兮，在错误示范这方面她从来没有让大家失望过。*

*兮兮艰难地抬起来了一点，撑了 5 秒，就掉了下来。*

其实，兮兮的状况不是少数，坚持时间短并且有明显的塌腰的状况，说明她的核心肌群没有准确发力。

平板式，顾名思义，就是整个身体看起来像一块平板一样。所以，无论是上翘还是下塌，都无法达到平板式的效果（图 6-9）。

**正确动作**
⑤ 头部、上背、臀部保持一直线
④ 臀部绷紧
① 脚尖支撑　③ 腹部出力绷紧
② 手肘位于肩膀正下方

**错误动作**

身体凸起或凹陷都为错误

**图 6-9　平板支撑正确和错误的姿势**

平板支撑的基本要点如下。

（1）俯卧，双肘弯曲支撑在地面上，肩膀和肘关节在一条线上。

（2）双脚脚尖踩地，用脚趾和前臂支撑，躯干伸直，头部、肩部、臀部保持在同一平面上。

（3）核心向上提，腹肌收紧，盆底肌收紧，脊椎延长，眼睛看向地面。

（4）不要憋气，保持均匀呼吸。

进阶版：在此基础上，可以抬左腿保持3秒，后交换右腿。

### 2.侧板支撑

侧板支撑是一个经典核心训练动作，不仅可以锻炼核心肌群，还可以加强肌肉协调性、提高肌肉稳定性等（图6-10）。

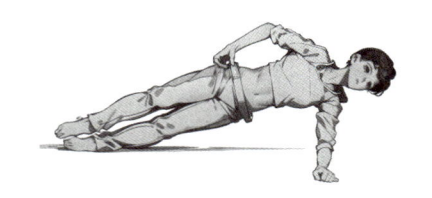

**图 6-10　侧板支撑**

侧板支撑的基本要点如下。

（1）侧躺，手臂撑地，手肘位于肩膀正上方。

（2）躯干保持一条直线。

（3）髋部伸直，避免髋关节折叠，保持身体在一个平面上。

（4）交换反方向。

进阶版：在此基础上，上方手臂向上伸直。

和平板支撑相比，侧板支撑更注重腹外斜肌和腹内斜肌的训练，有针对性地锻炼腰两侧的肌肉，可以提高身体的稳定性。侧腰是不少小伙伴比较薄弱的地方，赘肉也比较多，坚持做侧板支撑会有非常明显的效果。

### 3. 臀桥

臀桥是一个简单易学但非常有效的核心训练动作，练习这个动作可以强化臀大肌、臀中肌和腘绳肌，并提高身体的稳定性（图 6-11）。

图 6-11　臀桥

臀桥的基本要点如下。

（1）仰卧，双腿弯曲，脚掌贴地，手臂自然放在身体两侧。

（2）吸气，收紧腹肌和臀部，慢慢向上抬起臀部，直到身体和膝盖成一条直线。

（3）保持 5 秒，呼气放松。

（4）保持均匀呼吸，不要憋气，重复10次为一组，进行3组。

注意：臀部抬起时无须过高，避免肋骨外翻和腰部代偿。

进阶版：在此基础上，抬起一条腿，使其和躯干在同一平面上，保持10秒，然后交换。

对于经常久坐的人来说，臀桥不仅能够强化深层核心力量，还能激活背部和臀部的肌肉，是一个非常实用的训练动作。

## 4.幻椅式

由于其功能全面且强大，幻椅式又被称为万能体式，它几乎可以锻炼到身体的每一个部位。它可以强化双腿和臀部肌肉的力量，矫正和美化腿形、臀型，增加核心力量和前屈能力，增强背部肌肉力量，延展脊柱，扩展胸腔（图6-12）。

图 6-12　幻椅式

幻椅式的基本要点如下。

（1）山式站立，双手掌心相对，上举过头顶。

（2）屈双膝，臀部向下，直到大腿与地面平行。

（3）胸腔上提，双肩往下沉，大腿肌肉收紧，注意不要翘臀。

（4）放松，回到山式。

如果您的膝盖力量较弱，请避免将膝盖超过脚尖，同时请保持腰背挺直，收紧腹部。想象后方有一把透明椅子，想往下坐但还没坐到时的微妙感觉。

练瑜伽的人常说，复杂的体式简单做，简单的体式反复做。这几个体式看似简单，但要做到标准并不容易。如果能长期坚持练习，健康和体态都会有所改善。

## 四 学会拉伸，用三分钟为自己充电

双手在身后交握，你能向上举多少度（图6-13）?

**图 6-13　双手交卧**

拥有健康肩颈的人应该可以抬高超过 45°，状况好些的可以达到 90°。通过这个体式，你可以简单检测一下柔韧性。

> 兮兮大概只能抬到 15°，摇头说："我天生就是个'钢铁侠'。"

其实，哪有什么天生"钢铁侠"，如果你仔细留意，小宝宝很容易就能吃到自己的脚趾。我们也曾柔软过。

久坐不动容易导致身体僵硬，这个很好理解，但也有不少人天天运动，身体仍旧很僵硬。也就是说，肌肉长期不用，或用后没有及时放松，都会导致肌肉变得僵紧。

那是不是身体越软越好呢？并非如此。

大家看过提线木偶吗？身体活动的关键，是控制全身的动作的那根线。如果线太松，就起不到固定的作用；线过紧，整个身体会变得过于紧缩，从而影响身体的循环，因此，柔韧性就显得尤为重要。

柔韧性是指人体完成动作时，关节、肌肉、肌腱和韧带的伸展能力。好的柔韧状态是收放自如，柔软而富有弹性，一般可以通过拉伸来实现。

拉伸是一种主动恢复的方法，能帮助肌肉舒张，让气血通畅，使身体更加轻松。拉伸可以把新鲜血液带到肌肉中，从而提高身体的协调性和柔韧性，减少受伤的风险。特别是在运动前后进行拉伸，会有事半功倍的效果。

当然，柔韧性训练不仅局限于运动前后，平常我们也可以做些柔韧性练习来增强关节活动度，这既能让我们保持良好的体态，还能改善生活质量。

> 在课堂中，被问到最多的是肩颈问题。
> 兮兮说："我是30岁的人，53岁的肩。"

肩颈问题确实非常普遍，现代人长期久坐，肩颈肌肉长时间处于紧张状态，因此变得越来越僵硬，而且这种情况有年轻化的趋势。

实验发现，当头部前倾 60° 的时候，颈椎承受的压力会超过一个 7 岁小朋友的重量。可以想象，身体在这种情况下所承受的负担（图 6-14）。

0°　　　15°　　　30°　　　60°

图 6-14　前倾程度

长此以往，会导致血液循环不畅，颈部周围的神经被压迫，肌肉失衡，肩颈越来越僵硬。而肩颈就像人体的十字路口，是气血供应头部的主要通道，长期堵塞会导致毒素无法排出，从而导致肤色暗沉、记忆力减退等问题。

经常练习肩颈拉伸，不但可以缓解肩颈紧张、放松颈部肌肉，还可以促进血液回流，让你恢复好气色。

如果你的工作需要整天坐着，那么可以在午休时，拉伸一下肩颈，能起到比喝咖啡更好的提神作用。仅仅几分钟就可以让你找回状态，摆脱困倦。

拉伸时切忌忍痛死扛，遵循非暴力原则，与身体和谐共处。僵硬不是一天造成的，所以恢复弹性也需要时间，无法一蹴而就。拉伸到有一点酸的感觉，但能承受的程度即可。

给大家推荐几个随时随地就可以进行的简易肩颈拉伸动作。

动作一：

双手在身后交握即可，这是一个非常简便的拉伸肩颈的动作。在办公室里，还可以利用椅背作为辅助（图 6-15）。

图 6-15 拉伸动作一

基本要点：

（1）腰背尽量保持平直，双手在身后交握。

（2）吸气，手臂尽量向上延伸，手腕处可以卡到椅背的上沿。

（3）呼气，慢慢收回。

（4）每次 15 秒，重复 3 组。

动作二：

这个动作可以很好地舒展胸腔、肩颈及后背。在坐、跪或站姿中进行均可（图 6-16）。

图 6-16　拉伸动作二

基本要点：

（1）双手十指交扣在后脑勺处。

（2）吸气，抬头打开胸腔。

（3）呼气，低头弓背，手肘收回。

（4）每次 15 秒，重复 10 次。

动作三：

这个动作重点在于肩颈，在坐、跪或站姿中进行均可，可以利用瑜伽绳、弹力带、毛巾等工具进行辅助（图 6-17）。

**图 6-17　拉伸动作三**

基本要点：

（1）腰背尽量挺直，避免塌腰和翻肋骨。

（2）手臂伸直，双手分开两倍肩宽（可根据肩颈情况进行调整），吸气手臂上举。

（3）双手向后画圈（可抓辅助物），在你最有感觉的位置上保持 10 秒。

（4）呼气，双手收回向前。

（5）重复 10 组。

动作四：

墙角也是绝佳的伸展工具，只需找一个墙角的位置就可以进行拉伸（图 6-18）。

基本要点：

（1）大臂平举，大小臂弯曲 90°，手臂扶墙。

（2）背部平直，身体轻微前倾，感受肩颈处的伸展感，保持在可以接受的位置上。

（3）坚持 15—30 秒，重复 3 组。

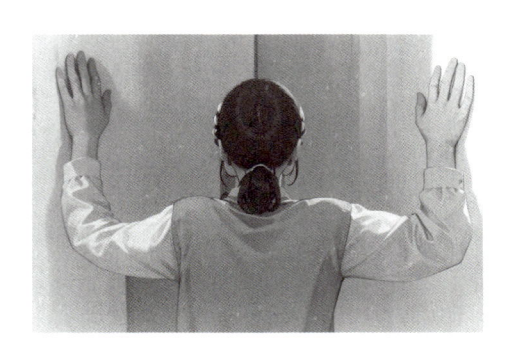

图 6-18　拉伸动作四

动作五：

日常进出时，也可以利用门框作为辅具进行伸展（图 6-19）。

图 6-19　拉伸动作五

基本要点：

（1）面朝门口或墙角站立，双脚与肩同宽。

（2）双臂伸直，与肩部同高，手掌放在门框或墙上，大拇指朝上。

（3）腰背放松，身体自然前倾。

（4）保持15—30秒。

动作六：

如果没有门框，还可以运用墙面作为伸展工具。左右分别进行伸展，可以有效缓解胸肌和肩胛下肌的紧张（图6-20）。

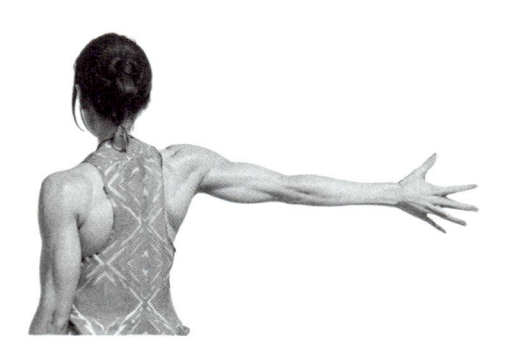

图6-20 拉伸动作六

基本要点：

（1）身体右侧靠墙站。

（2）将右臂贴靠墙壁，掌心朝内，肩头不要离开墙壁，右手臂与肩膀成一条直线。

（3）保持呼吸，觉察右肩膀和胸腔的伸展。

（4）保持30秒，交换方向进行伸展。

动作七：

运用墙面，向上进行伸展（图6-21）。

图6-21 拉伸动作七

基本要点：

（1）面向墙站立，保持约一条腿的距离。

（2）手臂尽量伸直，双手推墙。

（3）两手掌交替向上延伸，在最有感觉的位置保持住。

（4）胸腔舒展，不要塌腰。

（5）保持30秒。

类似的动作还有许多，这类动作都不需要复杂的辅具，简单方便且效果明显。只要大家把握了大的原则，就可以举一反三，椅子、衣服、墙面、门框都是绝佳工具。我们可以在工作间隙灵活利用手边的事物，随时随地为身体充电。这些动作非常适合生活节奏快、压力大的现代人群。

身体会回应你的，当你忽略它时，它会变得僵硬；但只要你关注它，它就会给你积极反馈，变得更加柔韧有弹性。

## 五 找回平衡，掌控身心稳定性

"我到现在都学不会骑自行车。"

"我有点顺拐，同手同脚。"

"我学动作总是比较慢……"

"我经常走着走着就会莫名地崴脚、摔跤。"

其实，这些都是平衡能力的直观反映。平衡能力像呼吸一样，是一种自然而然的能力，看似不起眼，但一旦出现问题，我们才会意识到它对生活的重要性。

平衡能力体现在我们生活的方方面面，在任何运动中，身体都需要维持平衡状态。它反映了身体前庭器官、肌肉和关节等部位的协调配合能力。保持平衡的时间越长，平衡能力越好，人体的运动能力就越强。

改善平衡能力，不仅能够维持脊柱和姿势的稳定，保持身姿挺拔，还能减少运动损伤的发生，有效地改善身体的协调性。此外，在精力管理中，平衡能力训练还可以提高专注力和大脑的反应速度，稳定情绪。因此，它也被视为体能管理中不可或缺的一环。在瑜伽习练中，就有不少平衡体式。

闭眼单脚站立就是对平衡能力的一项小测试。

具体做法：

双手打开，保持平衡，单脚站立于平地上，另一只脚微微抬起，当抬起的腿与地面平行时开始计时。一共测试两次，取最好成绩。计时期间，单脚闭眼站立时没有明显晃动才算有效。

闭眼单脚站立是中国国民体质监测中的测试项目之一，也是衡量人体平衡能力的经典测试之一。与血压、血脂、血糖等指标一样，都是衡量健康的重要指标。

正常情况下，各年龄段人群的闭眼单腿站立时间如下。

20—49 岁：24—29 秒。

50—59 岁：21 秒。

60—69 岁：10 秒。

70—79 岁：4 秒。

这个测试既可以评估一个人的平衡能力，也是健康问题的提示器，提示身体各个系统是否处于相对平衡的状态。

*兮兮问："我才 5 秒，怎么办？"*

好消息是，平衡能力通过训练是可以得到有效提高的。即便最初只能坚持 5 秒，经过训练后，大部分人的持续时间都会变长。你只需要设计一个适合自己的平衡性训练计划，在保障安全的情况下循序渐进地练习。

下面推荐一组逐渐升级的平衡性训练动作，大家可以根据自己的情况选择练习。

进阶一：金鸡独立

这项练习可以随时随地进行，例如刷牙时、等待时等。

将一只脚抬起，站立并维持平衡，坚持 10—30 秒，然后换另一只脚。

开始时，如果难以保持平衡，可以手扶墙壁或椅子，练习 1—2 组。在能够稳定站立之后，还可以慢慢加入手部动作（图 6-22）。

第六章　体能管理——什么也没做，为什么却感觉很累？

图 6-22　金鸡独立

进阶二：鸟王式

鸟王式也叫鹰式，是一个非常优美、有气势的体式，属于中级不对称平衡站姿（图 6-23）。

图 6-23　鸟王式

基本要点：

（1）山式站立进入。

（2）吸气，双膝微屈，抬左腿并缠绕在右腿上，脚尖朝下。

（3）右手在上，左手在下，双臂缠绕，手肘与肩同高，掌心尽量贴合，指尖向上，目视前方，停留5个呼吸。

（4）呼气，双臂慢慢放下，回到山式。然后交换练习另一侧。

练习之后，你会感觉肩背得到前所未有的放松，这个体式对激活全身肌群，强化核心，塑造身体线条，提高身体平衡能力、协调感和专注力都很有帮助。

如果感觉困难的话，脚尖可以点地，如果原本膝盖有伤的人就不建议练习此动作了。

进阶三：战士三式

战士系列体式是为了纪念传奇武士维拉巴德纳而创立的。其中，战士三式非常注重全身力量的稳定，需要全身的配合，对于平衡和专注的要求也比较高（图6-24）。

图6-24 战士三式

基本要点：

（1）山式站立进入。

（2）向前迈右脚，略提起脚尖，将目光放在鼻尖或地面上。

（3）双手臂从体侧向上伸展至头顶处，掌心合十。

（4）吸气，微曲右膝，左腿向后向上抬起，同时，上半身向前向下，身体与支撑腿呈90°，确保髋部水平，右脚膝关节慢慢伸直，均匀呼吸，保持10秒钟。

（5）呼气，慢慢回到山式。交换，练习另一侧。

多练习这个体式，可以很好地调整体态，加强腹部和腿部的力量，强化内脏器官，让脊柱和身体肌肉平衡发展，提高身体的平衡感和集中注意力的能力，并且能使思维更加清晰。开始时，你可以从指尖触墙作为支撑，循序渐进，逐渐过渡到不需要辅具。患有高血压的人就不建议练习这个体式了。

请根据自身状况选择练习的体式，循序渐进，不必勉强。或许你已经发现了，平衡并不简单，并且不是独立存在的。在平衡体式中，我们通常依靠一条腿来支撑身体，如果没有呼吸的配合，没有稳定的根基和柔韧性的加持，平衡就难以保持。

所以，在体能管理的四大板块中，心肺、力量、柔韧、平衡只有协同合作，才能让身体更和谐地运转。

有适合所有人的最佳运动方式吗？其实，每个人适合的运动不一样，你需要去找到最适合自己的方式，那或许就是你与身体和谐相处的方式。当它变成了你生活当中的一部分，无须刻意，你的生活就会自然而然地改变。到那时，你会发现，体能管理不再是一种负担，而是一种选择，一种生活方式的选择。

人生的 1/3 时间是在黑夜中度过的,但是它却直接决定着余下的 2/3。

——西野精治

# 第七章
CHAPTER7

## 睡眠管理

——越睡越累，你睡对了吗？

"昨晚睡得好吗？"

兮兮摇摇头："不好，刷手机刷到半夜，晚上睡不着，早上起得早。"

你会不会也是这样？凌晨两三点还捧着手机，哪怕已经困得睁不开眼，依然死撑着不肯睡觉。越不睡，越焦虑，周而复始，恶性循环。

来访者中，十有八九都有睡眠问题。睡眠是我们与生俱来的能力，但却慢慢被我们遗忘。曾经，我们的祖先过着日出而作、日落而息的生活，睡眠是一件再简单不过的事情。只要躺在床上，不需要几分钟，便会进入沉沉的梦乡。现如今，能够好好睡觉几乎成了奢侈。到底是哪里出了问题？

睡觉时，大脑会修复损伤细胞，清除白天积累的毒素，保证我们第二天醒来后能精力充沛地投入学习和工作中。睡眠，不仅是大脑的休息方式，也是整个身体的休息方式。

然而，现代人不仅没有好好珍惜睡眠时间，反而拼命从睡眠中抢夺时间，这种做法短期貌似有效，但长期看来，反而会极大地影响效率。更不用说，熬夜还会导致面容憔悴、智力下降，并且更容易抑郁。

就像手机需要充电一样，睡眠是人的充电过程，如果一晚上充不上电，或者效率太低，就要检查一下是哪里出了问题：是电源有问题，还是电池有问题？又或者是二者不匹配，使用方式不对？

虽然睡觉是一种本能，但并非不可改变。睡眠习惯可以调整，睡眠技巧可以学习。这都是睡眠管理的关键，也是本章需要探讨的问题。

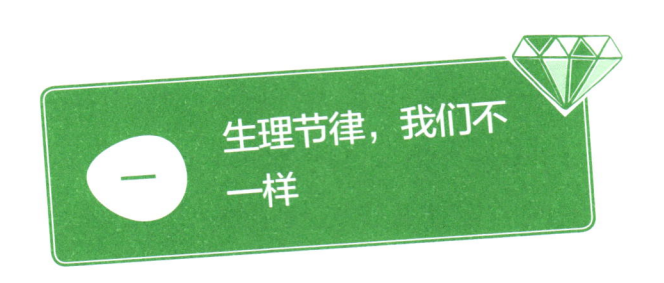

## 一、生理节律，我们不一样

你觉得一个好觉是什么样的呢？

"我想睡够 8 个小时。"

"我希望能一觉睡到天亮。"

"我希望能够早睡早起,坚持打卡!"

睡眠管理的前提是了解自己的身体节律。我们并非来自工厂的标准化产品,每个人的身体状态不同,适合的睡眠时间和方式也不同,不能使用单一标准来管理睡眠。

而睡 8 个小时只是一个平均值,不同的人需要的睡眠时间不同。无须自我怀疑,这不过是参考值罢了,并不代表正确的标准。你可以通过睡眠记录清单了解自己的身体节律。有意识地记录自己的睡眠时间、精力状态,有助于你找到最佳睡眠节奏。

## 每日睡眠记录清单

| 时间 | 项 目 | 自我评估(评分从 1 分到 10 分依次为非常不满意到非常满意) |
|---|---|---|
|  |  | 0 1 2 3 4 5 6 7 8 9 10 |
|  | 1. 你给现在的睡眠打几分? |  |
|  | 2. 早起后,你感觉身体怎么样? |  |
|  | 3. 早起后,你感觉精力怎么样? |  |
|  | 4. 早起后,你感觉精神怎么样? |  |
|  | 5. 你一整天的精力怎么样? |  |

## 1. 生理时钟类型

究竟睡多久比较合适呢？每个人合适的睡眠时间不同。例如，拿破仑一天只睡 3 个小时，英国前首相撒切尔夫人每晚只睡 4 个小时，而爱因斯坦则需要睡上 9 个小时，奥运冠军谷爱凌每晚则要有 10 个小时的睡眠时间。

有些人一沾枕头就能呼呼大睡，而有些人却辗转反侧，难以入眠，睡不着也起不来。如果每个人都要按照"8 小时睡眠""早起早起"的标准来要求自己，那会非常痛苦。

据统计，多数人需要 6—8 个小时的睡眠，但有 5% 的人只需要少于 6 个小时的睡眠时间，还有一部分人，他们的睡眠需求超过 8 个小时，甚至达到 10 个小时，这有可能是我们的 DNA 在"作怪"。

生理时钟类型具有遗传性，如果你拥有短睡基因，或许你睡得少、睡得浅也无大碍；如果你拥有长睡基因，早起对你来说或许就是一种折磨。

如果你注意观察，会发现你父母中一方的生理时钟类型很有可能和你一样。

兮兮说："是的，我每天 4 点就再也睡不着了，我记得我妈年轻的时候也这样，四五点就开着电视看到天亮了。"

现在 4 点起床，反而成了自律的标志。当年的困扰，反而成了人人羡慕的天赋异禀。

心理学家认为,我们的生理时钟会影响我们在一天的不同阶段的精力状态。

美国睡眠专家迈克尔·布劳斯(Michael Breus)将人的生理时钟进一步分为四种类型(图7-1),并用海豚、狮子、熊和狼四种动物来代表。当然,和所有的分类方法一样,这并不是绝对的,仅供参考。

(1)海豚型:在自然界中,这类动物在睡觉的时候只有一半的大脑处于睡眠状态,另一半则是清醒的,相对来说睡眠较浅,容易被惊醒,警觉性较高,醒后易有疲劳感,但逐渐会恢复状态。越临近晚上,其精力越充沛、警觉性越高,这种类型的人占比约10%。

(2)狮子型:狮子总是在天刚微微亮的时候醒来,准备寻找猎物,因为那正是猎物最想睡的时刻。狮子型的人通常习惯早起,醒来后就觉得精力非常充沛,感觉自己随时可以迎接各种挑战。但是随着时间的推移,精力水平会逐渐下降,这种类型的人占比15%—20%。

(3)熊型:熊总是日出而作日落而息,它们的作息和太阳活动周期最为接近,可适应多数集体活动,也是我们常说的"大多数",这种类型的人占比约50%。

海豚型 10%

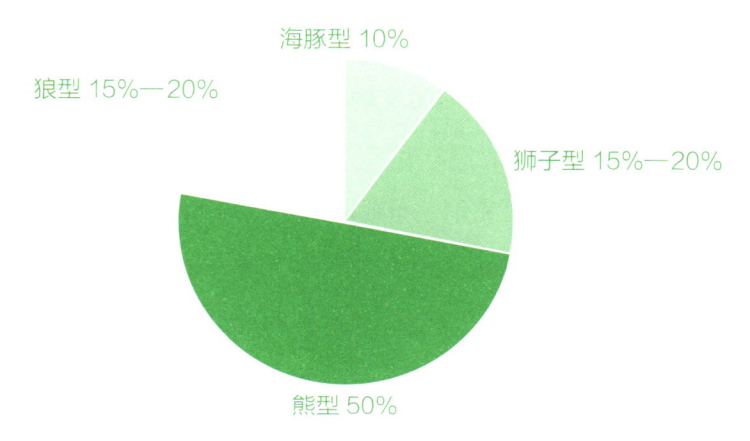

狼型 15%—20%

狮子型 15%—20%

熊型 50%

图 7-1　生理时钟的四种类型

（4）狼型：狼总是在白天休养生息，在夜晚来临时出没。因此，狼型人通常早上感到疲惫，到了晚上则异常精神，想象力和创作力也会达到高峰，喜欢晚睡晚起，是典型的夜行动物，这种类型的人占比约 15%—20%。

兮兮就是典型的海豚型，睡够 8 个小时对她来说是种奢望。她也常常不太接纳自己的睡眠状况，所以，这一类型的来访者也是最多的。狼型来访者也不少，大家推崇的早睡早起的标准，对他们来说是一种折磨。

所谓的标准作息，更适合占比最大的熊型和狮子型人。但适合多数人的标准并不是唯一的标准，所以不必强求，也强求不来。大多数情况下，对于睡眠质量好坏的评价是一种主观感受。

在原始社会中，每个人都有自己的角色，大家会尊重各自的生物钟，分工合作。晚上，晚睡人负责守夜站岗、看守篝火；早晨，早起人早早起床，为新的一天做好准备，发挥自己的所长。

这四种类型并不存在好坏之分，只是每个人的生理时钟不同，如果强制改变自己的睡眠时间，反而容易导致身体不适和情绪问题。因此，如果一个人觉得自己精神饱满，身心舒畅，活力充沛，并且生活、作息、身体和情绪都良好，那么通常睡眠也没有什么问题，无须太过焦虑。

对于睡眠质量，我们还可以通过睡眠周期这一指标去评估。

## 2. 睡眠周期

"一觉睡到天大亮"真的存在吗？

其实从古至今，我们并没有真正的"一觉睡到天大亮"。想象一下，在并不安全的远古时代，当夜晚降临时，我们的祖先，无论是视力或对抗野兽的能力都会下降。因此，不得不减少活动，避免危险，并让大脑和身体得到休息。此时，如果睡得过沉、过久，可能会面临更大的危险。所以，人类都有自己的睡眠周期，即便是婴儿也是如此，只是过渡得不落痕迹，很快又睡去而已，所以，不用过于纠结，大当我们入睡时，睡眠会逐渐深入，再逐渐变浅。因此，一个睡眠周期分为五个阶段，即浅睡期、轻睡期、中睡期、深睡期和快速眼动期，每个阶段都有不同的特点和功能（图7-2）。如果你没有在任何一个阶段醒过来，那么恭喜你，完成了一个完整的睡眠周期。经历一个完整的周期大概需要90分钟左右。一般来说，成年人每晚会经历4—5个睡眠周期，即6—8小时的睡眠时间。

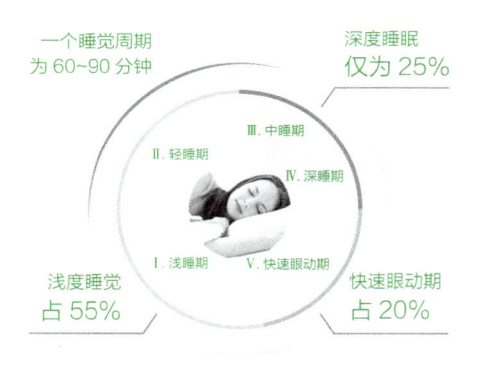

**图 7-2　睡眠周期的五个阶段**

"非快速眼动睡眠"是睡眠的第一个阶段。进入这个阶段以后，眼球转速降低，脑电波稳步放缓，大脑活动也趋近于零，所以这个阶段又被称为"慢波睡眠"。睡眠的前四个时期都属于这个阶段。

首先是浅睡期。脑电波开始放缓，但睡眠还很浅。接着是轻睡期，浅睡期和轻睡期占睡眠周期时间的一半左右，此时脑电波运行捉摸不定，频率和振幅时小时大。然后，脑电波波幅变宽，神经元放电频率减缓，心跳速率、呼吸速度和血压均渐渐下降，到了中睡期和深睡期。深度睡眠虽然只占总睡眠时间的 1/4 左右，却是至关重要的，对消除疲劳、恢复精力和提高免疫力非常关键。若在此时被惊扰，就会感觉头昏脑涨，常常会有所谓的"起床气"。最后一个阶段是快速眼动睡眠阶段，此时，眼球转速加快，大脑重新变得活跃，脑电波活跃程度甚至比清醒时还高。这似醒非醒的时刻也是人们进入梦境的阶段。

随着睡眠的深入，快速眼动睡眠的比重也逐渐增加，人体也逐步适应天亮后的节奏。

在理想状态下，我们的睡眠周期会一个个地顺利过渡、无缝连接，直到清晨醒来。然而，现实生活中，我们可能会遇到各种干扰，如噪声、压力、咖啡因或生理因素等，这些都可能会打断我们的睡眠周期，让我们无法享受深度睡眠的好处，重新回到浅度睡眠状态。

## 3. 黄金 90 分钟法则

如果要问睡眠过程中哪一个周期最关键，答案是第一个

90分钟的睡眠周期。这90分钟是保证睡眠质量的关键。有了这个周期做铺垫，整晚睡眠质量就有了保障。它就像二八定律中关键的20%一样重要。

有没有发现，当到了固定的睡眠时间，开始逐渐出现困意时，如果耽搁"过点了"，你反而不困了，之后就会很难再进入深度睡眠状态。过了这个周期，即使再想努力入睡，精力都很难补充回来了。

或许很多人会身不由己，抱怨"工作太忙了""明天赶着要资料""不熬夜加班不行"。建议你有困意时，可以先睡上第一个黄金90分钟（当然，还要加上你入睡的时间，建议预留110—120分钟），先保证睡眠周期的关键部分，然后再继续加班。在没有条件保证足够睡眠时间的情况下，这种方法也可以有效补充精力。

你可以在自然状态来测试自己的睡眠周期，并根据你的生理节律选择合适的休息时间。如果你是短睡者，可以从4个周期开始测试。如果4个周期后你感到精力充沛、没有困意，那么你可以将其暂定为你的睡眠周期。如果还是感到精力不足，可以逐渐增加睡眠周期，直到你感觉精力最佳为止。找到最适合你的睡眠周期后，要尽量保持这个时间段的稳定。

如果你不确定何时该去睡觉，也可以使用倒推法。先确定你的固定起床时间，再用睡眠周期来倒推。比如，你需要早上6点起床,而你要保证最佳精力状态需要4个睡眠周期,而且通常需要半小时才能入睡,那你至少晚上11点半就要去睡觉了。

独立睡眠顾问尼尔·斯坦利(Neil Stanley)说:"改善睡眠效率最有效的方法,就是每天早上都在固定时间起床。"当你的身体习惯了这一作息时间后,就会在需要休息时尽可能地提升睡眠效率。研究显示,在真正醒来前的一个半小时,身体会做好准备。身体渴望规律的生活。所以,如果你总是改变睡眠时间,你的身体也就无法确定何时应该准备醒来。

找到生理节律之后,你就可以把这个时间固定下来,坚持每天定时入睡、定时起床,这对睡眠管理而言,是最高效的方式。

> 睡眠是用来评价人类发展程度的绝佳标准,因为睡眠障碍体现的是个体内心极大的警惕性和深深的不安全感。个体睡眠质量欠佳,反映出他们所怀有的是错误的生活哲学。"
>
> ——心理学家阿德勒

## 二 睡眠习惯，从心开始

现在，咨询睡眠问题的来访者越来越多。睡眠占据了我们一生中将近三分之一的时间，正是因为太重要了，我们才会对睡眠不足耿耿于怀。

睡眠是生理需求，但睡眠方式是后天习得的。因此，除了基因的影响，睡眠问题还与我们后天习得的思维模式和行为方式密切相关。

其实，睡眠出现问题也是在向我们发出信号，提醒我们身体失去了平衡，需要重新调整。通过了解和改善我们的思维方式和行为习惯，并采取基于科学依据的方法，就可以重新找回平衡状态，获得更好的睡眠。

## （一）心理因素

### 1. 舍不得睡

"为什么睡那么早，是游戏不好玩，手机不好看吗？"

"夜晚的时间太宝贵了，实在是舍不得睡。"

今今说："不想睡觉是因为不想结束今天。"

简而言之，就是三个字——不甘心。

你有没有过这样的状况？白天被各种工作驱赶着透不过气，时间几乎都被工作填满了，只有睡觉前的那几个小时才真正属于自己。这个时间段不被打扰、无人挑剔，你就是自己世界唯一的掌控者。

睡觉时间已到，可还想再拖一会，于是越睡越晚，睡眠质量也越来越差，看似是放松，其实更疲劳了，周而复始，恶性循环。

想要缓解这个问题，我们可以在白天腾出放松、独处的时间，提前给自己留个气口，主动透透气。例如，高强度工作40分钟后，休息10分钟，拉伸一下身体，补充点营养，适时小憩。不要等到欲望不断积累，情绪不断放大后，再依靠熬夜来报复性弥补。

## 2. 内耗

许多睡不着的人常常有一个强大的超我，有很多"应该"的信念。比如"晚上应该早睡""睡眠中途不应该醒""醒来应该很快就要睡着"等。这些信念就像一位尽忠职守的门卫，时刻警惕，不愿放松。一旦"应该"之外的情况出现，就开始对自己进行严格的审查和批判。其实更多时候，伤害源于这些所谓的"应该"的标准，以及自我拉扯的内耗。当你把意外状况当成了贼，日防夜防，它终不负所望，偷走了你的睡眠。

不少来访者都自述失眠，但在深入询问后，会发现他们其实并不是真的失眠。有研究对一些自述失眠的年轻人进行了睡眠观察和脑电图检测，发现他们与正常睡眠状态的人并没有明显的差别。即便是被移动身体，或是被在脸上画图，他们都浑然不知。但醒来之后，他们仍坚称自己根本没睡着。这种自我感觉失眠的状态是一种假性失眠。

美国神经科学家W.克里斯·温特（W.Chris Winter）曾经总结了失眠者的两种心态：一种是过度在意睡眠；另一种则是无论实际睡眠质量好不好，都认定自己睡得不好。这些负面想法对身体的影响远远大于实际睡眠问题的影响。

### 3. 长期紧绷无法自行调节

睡觉时也是我们最脆弱的时候，如果这时我们面对太多压力，大脑会将危险和压力解读为同一件事，从而导致失眠或睡得很浅，这是身体对危险警报的生理反应。

人体自主神经系统包含交感神经和副交感神经两种机制。交感神经负责激活身体的应激反应，包括心率加快、血压升高等；副交感神经则负责平衡和调节身体正常机能活动，如调整呼吸和调节心脏等。在放松和休息的状态下，副交感神经发挥作用，从而促进身体的恢复和修复。

如今现代人身心失衡的主要原因之一是，长期紧张导致交感神经系统被过度刺激，而副交感神经系统过于疲弱。这种紧张的神经状态会让我们辗转反侧，难以入眠。

所以，保持两种机制的平衡对于身体健康至关重要。就像一根橡皮筋，最重要的是弹性。有紧张，有放松，能恢复，才是一种健康平衡的状态。

## （二）应对参考

### 1. 全然接纳

首先要完全接纳自己的睡眠状况，如果中途醒来，不必过度苛责自己，这是正常的睡眠周期表现。人体有自我调节的智慧，就像每个人都会感冒，我们要做的不是打压感冒的症状，使其消失，而是要找到根源，调整状态。

有些人喜欢在睡前复盘一天的工作学习状况，这种方式并不适合睡眠比较浅的人，这会启动超我的自我反省机制，变得更加警惕，从而导致更难入睡。所以，接纳自己的睡眠状况，让超我暂时放松下来，也是一种非常有效的方法。

你可以想出一些适合自己的放松金句，比如有人会用"没什么大不了""我可以接受一切的状况""睡不着也没关系"等语句。平常多在心里重复几次，自然会影响你的心境，让你逐渐放松下来。抱着"睡不着也没关系"的心态，反而可以缓解精神压力，让你自然而然地入睡。

之前提到过的腹式呼吸法、渐进式肌肉放松法等都可以让你有效地放松下来。如果你真的有太多的杂念，还可以通过自由书写的方式，在纸上对想法进行梳理。当杂念整理清楚后，大脑就会很快放松下来。

人总是会睡觉的，这是本能。我们只需做到自己能做到的部分，剩下的，无须控制，也无法控制。

## 2. 建立强联系

　　今今说:"我喜欢窝在床上吃喝玩乐,看小说、玩手机、打游戏,甚至吃夜宵。"

　　这或许也是很多人的状况。在床上聊天、玩手机、看书学习……睡觉反而变成了小概率事件。

　　从心理学的角度来说,行为是不断强化的结果。你想要什么样的结果,你就去不断强化让这一结果产生的行为,弱化干扰行为,让身体自然而然地形成联结。

　　比如今今,在睡眠空间有太多干扰项,睡眠指示不清晰,身体会习惯于在床上保持清醒。久而久之,"床"和"睡不着"之间的联系越来越强,经过多次失眠的折磨,床就彻底和清醒、焦虑和辗转难眠绑定在一起了。

　　因此,我们需要重建床和睡眠之间的强联系,床只用来睡觉,不要把它变成一个多功能的空间。你需要通过意识、行为和环境上的调整,把这个空间和睡眠紧密联系起来。与睡眠无关的事物,尽量转移至别处,专区专用,不断为头脑建立一个回路,让自己只要一躺到床上,就能自然地进入睡眠状态。

> 兮兮问:"白天需要小睡吗?我们南方人有午睡的习惯,如果中午不睡一下,下午整个人都没有状态。"

如果是本身睡眠质量不高的人,白天补觉会削弱夜晚和睡眠之间的联系。如果需要小睡,只需要 10 到 20 分钟就可以起到中途充电的效果。但如果超过半个小时,大概率会进入深度睡眠阶段。如果中途被打断,醒来时状态会更差。如果睡不着也不必强求,就闭目养神,将感官内收。尽量别在午休时间刷手机,否则下午会感到更加疲倦。

如果担心下午精神不佳,可以试试现在非常流行的咖啡盹,午睡前可以来一杯咖啡,咖啡因需要 20 分钟才能生效,这个时间差就是你打盹的最佳时机。当你醒来时,咖啡因的作用刚好发挥,你就可以精力满满地投入工作了。

## 3. 增加睡前仪式行为

你可以先检查一下自己的睡眠习惯,建立自己的睡眠习惯检查表,找到对自己睡眠有不利影响的习惯,看看可以用什么样的好习惯来替代。

同时,你可以建立一套自己相对固定的入睡仪式,每晚都按这套仪式执行,提醒身体和大脑进入睡眠准备状态,这其实就相当于预留出睡前缓冲期,如泡脚、喝杯热牛奶、进行简单的拉伸运动等。这既是为了放松和减压,也是在暗示大脑即将入睡。这个仪式可以让身体逐渐适应睡前的环境,给大脑足够的时间准备进入睡眠状态,从而显著提高睡眠质量。

睡前仪式的基本原则:放松、重复、单调。在单调状态下,大脑容易放空,感觉无聊,也更容易犯困。这就像在高速公路上开车容易昏昏欲睡,原因之一就是眼前风景一成不变。

在睡眠仪式中,我们应该有意识地营造单调的状态。虽然在平时,单调的事物并不太受欢迎,但却是睡眠的好伙伴。比如在同一张床上、穿着同样的睡衣,选择同一首单调的曲子在同一时间入睡等。因为单调让大脑的开关关闭,所以会更容易进入睡眠状态。

此外,你还可以选择一些相对舒缓的活动,尽量避免选择会刺激大脑兴奋的内容。比如可以叠一叠衣服、放一些助眠的音频、翻一翻能让你昏昏欲睡的书等。

当然,没有什么方式是适合所有人的,你需要找到适合自己的方式。你可以按照上述建议,结合自己的喜好和体验,制定属于自己的睡前仪式清单,将其写下来会更加有效。

根据上述建议,兮兮建立了自己的睡前仪式清单。

(1)睡前泡脚20分钟。

(2)喝杯热牛奶。

（3）睡前点上香薰机。

（4）看 10 分钟经典书籍。

（5）播放轻音乐。

（6）梳头 5 分钟。

（7）10 分钟拉伸。

……

**我的睡前仪式清单**

## 三 营造氛围，提升睡眠质量

今今问："都说氛围感很重要，睡眠也需要氛围感吗？"

睡眠氛围对于睡眠非常重要，尤其是敏感的人，更容易受到环境的影响。但好在睡眠氛围是相对可控的，只要我们愿意，就可以控制一些因素，减少它们对睡眠的影响。

### 1. 光线

一个蒙面超人般打扮的人来了，遮阳伞、防晒服、防晒面罩、太阳眼镜、太阳帽，设备齐全。全身包裹得严严实实的，一点儿不透光。

"今今，你这是……"

今今吐吐舌头："明星们不是都说紫外线是衰老的罪魁祸首吗？所以，我可不想'见光'。"

现在不少人都像兮兮一样，闻'光'色变。实际上，光线对睡眠非常重要。我们的睡眠周期受昼夜节律的调控，而昼夜节律受光线的调控。晒太阳可以促进褪黑素分泌，而褪黑素有助于维持平稳的睡眠状态。

褪黑素大约在凌晨两点达到最高峰值，然后逐渐降低，以保证我们一整晚的良好睡眠。某畅销保健品就是被人工添加了褪黑素，据称可以改善睡眠质量。其实，如果可以自己产生足够的褪黑素，又何需依赖人工添加呢？

想要促进褪黑素的分泌，其实很简单。白天可以多在阳光下活动，如果怕晒的话，可以避开中午紫外线最强的时间，或者避开面部，晒晒后背、足底。可以刺激褪黑素的产生，从而改善睡眠质量。

那为什么现在人们褪黑素的分泌普遍不足了呢？这或许也是现代化的代价之一。白天怕晒，褪黑素分泌不足，而到了晚上，人造光线照亮了黑夜，也延迟了褪黑素的释放，使得人们难以在合理时间内入睡。

如今，我们的周围充斥着各种电子设备。研究发现，蓝光会抑制褪黑素的分泌，然而，我们的卧室却放满了手机、电脑、平板等设备。这些设备在控制着褪黑素的分泌，也在控制着你的入睡时间，导致你睡得越来越晚，睡眠质量也越来越差。

对敏感的人来说，充电器上的小蓝灯都会影响睡眠，因此，想要营造良好的睡眠环境，入睡时应尽量让卧室完全保持黑暗，将电子设备放在看不到的地方。微弱的小夜灯、充电器的提示灯等能关就关。

若你真的放不下手机，那么至少在睡前两小时将手机调为护眼模式。如果没有办法调整光线，也可以通过眼罩来隔绝光线，根据个人情况进行选择即可。

## 2.温度

想要提高睡眠质量，还有一个秘诀——调节温度。温度是除了光线之外的第二大关键因素。

一般来说，卧室温度保持在19—22℃是最容易入睡。当然，不同的人对温度的敏感度不同，所以，你需要找到自己感觉舒适的温度。另外，我们还可以根据体温有上升必然下降的特点，有意识地提高体温，先升温，后降温，通过调节体温达到快速入眠的效果。

例如，睡前洗个热水澡就能使体温升高，泡澡、淋浴都有此效果。研究表明，在40℃的洗澡水里泡15分钟后，体温会升高约0.5℃。当体温升高0.5℃后，需要约90分钟时间才能恢复到之前的水平，这个由温暖向凉爽的过渡过程就是舒适睡眠的关键。我们可以利用体温变化，帮助自己更好入睡。

泡脚也有异曲同工之妙。需要注意的是,有些人会在泡脚盆里加盐、生姜、八角、茴香等,其实这样反而有可能使精神过于兴奋,让人难以入眠,所以,建议还是先从简单的温水开始吧。

总之,调节体温的方式有很多,大家可以把握思路,举一反三。

### 3. 声音

噪声也是让许多人感到困扰的因素。无论是室友的游戏声、伴侣的呼噜声,还是外界车辆的嘈杂声,都会干扰我们的睡眠。

许多睡眠质量不高的人常常对声音非常敏感,容易被相对突兀的声音所干扰,以至于无法入睡。

因此,白噪声应运而生。简单来说,它给环境引入一种均匀的背景噪声,如风声、雨声、鸟鸣声、海浪声等,通过相对稳定、连续、单调重复的声音,让人产生稳定的安全感,并逐渐放松下来。

当习惯这种噪声,并将其与睡眠联系起来后,外界对睡眠的干扰就会减少,我们就能更平稳地过渡到睡眠状态。有些不易入睡的小婴儿,听到吹风筒的声音便会安静睡去,或许是因为这和在妈妈肚子里听到的声音有些类似。白噪声的有效性受到个人偏好因素的影响，如果你可以找到适合自己的白噪声，也是一件幸事。

要应对噪声，你还可以选择戴耳机或者耳塞。高敏感人群会对身体变化非常敏锐，市面上的耳塞舒适度不同，选择适合自己的耳机或耳塞也非常重要。

### 4. 嗅觉

当我们嗅到令人放松的香气时，大脑会在 0.15 秒内做出"感到舒服"的判断。嗅觉传递信息至大脑的速度非常快，嗅觉细胞可以不经过大脑皮层的处理，直接进入中枢神经系统，效果直接且有效。

研究发现，如果卧室的空气质量得到改善，那么夜间睡眠总量和深度睡眠时长会明显增加，第二天精神更容易集中，逻辑思维测试成绩也会有所提高。所以，我们要尽量保持卧室内空气畅通、质量良好，此外，也可以尝试使用芳香精油来营造放松入睡的氛围[1]。

许多精油都有安神放松的功效，如薰衣草精油、岩兰草精油、罗马洋甘菊精油、苦橙叶精油、天竺葵精油、乳香精

---

[1] 个体存在差异，有的人使用精油后反而兴奋，更不易入睡。请在咨询专业人士后使用。——编者注

油、马郁兰精油等。这类精油可以稳定情绪、调节神经系统、缓解紧张和焦虑、促进血清素合成。当体内血清素充足时，它会转化为褪黑素，使身心得到全然的放松和舒缓。

对于新手来说，可以从广为人知的薰衣草精油开始尝试。扩香方式其实不拘一格，可采用香薰机熏香、制成喷雾、直接滴于纸巾上扩香等，手上有什么就用什么。此外，也可以加基础油稀释后使用，局部涂抹、按摩或热敷都可以，让你在放松的状态下获得高质量睡眠。

使用精油需要注意以下 3 个方面。

（1）把控品质，劣质精油对身体无益。

（2）少即是多，不要过量。

（3）如果要将精油涂抹于肌肤，最好先用基础油对其进行稀释。

## 5. 不宜过饱

*兮兮说："我常常撑得睡不着。"*

《黄帝内经》的《素问·逆调论》提出，"《下经》曰：胃不和则卧不安"。晚上吃得过饱，会加重胃肠道负担。想想看，按照生物节律，晚上是肠胃的休息时间，肠胃正准备休息，可是主人却开始大吃大喝。肠胃被迫开始"加班"，生物节律就这样被打乱。

因此，晚上宜规律进食，不宜过饱。晚餐和睡眠时间至少间隔2个小时。想吃东西时，可以选择一些有饱腹感的坚果来缓解一下。

如果你已经吃得太撑而无法入眠，可以尝试一下"推腹法"。这是一种简单有效的日常保健方法。它可以促进肠胃的蠕动，通畅气血，调和脾胃，改善睡眠。

"推腹法"的基本要点为：双手掌交叠，从心窝处由上往下推，可以一直推到腹股沟的位置，力量适中即可，推的次数根据自己的状况而定。你可以从少量开始，推腹时默数100下。如果在数的过程中你就睡着了，那就最好不过了。需要注意的是，别刚吃饱就做此练习，至少在饭后一小时后再进行。

## 助力小技巧6：舒眠瑜伽，让你安睡到天亮

研究发现，适量运动可以有效改善睡眠质量。有规律的运动有助于加快入睡时间，增加总睡眠时间以及提高整体睡眠质量，同时也能增加恢复性的深度睡眠时间。

长期足不出户的人往往会面临更多的睡眠问题，如果白天没有进行适当的运动来消耗热量，就很难体会到身体张弛有度的节律感。

但是，在睡前不建议进行过于剧烈的运动，太过兴奋可能会对睡眠产生负面影响。晚上是身体逐渐进入休息状态的时候，更适合进行一些舒缓的伸展运动，如拉伸瑜伽，就比较适合睡前放松，帮助我们从肢体放松过渡到心理放松。身体改变了，心理状态也会随之改变。

下面分享几个简单易操作的放松体式和工具，辅助我们提高睡眠质量。掌握了基本原理后，我们可以举一反三，发掘出更多适合自己提高睡眠质量的方法。

## （一）猫式

猫式看起来就像猫咪伸懒腰一样，能够舒展身体、增强脊柱的弹性和髋部的灵活性，缓解长期久坐带来的腰背不适，强化脊柱和背部肌肉，美化腰背部的线条（图 7-3）。

图 7-3　猫式

猫式基本要点如下。

（1）跪姿进入，大小腿呈 90°。

（2）双手放于肩膀正下方。

（3）吸气，提升坐骨，展开胸腔，抬头。

（4）感受脊椎一节一节地舒展开来。

（5）呼气时低头拱背，眼睛看向腹部的方向。

（6）重复进行 10 次。

这个动作可以起到很好的放松作用，要尽量地慢，让整个后背的肌群都尽量舒展开来。

## （二）大猫式

做完猫式伸展，可以再做个大猫式，舒展胸腔，舒缓肩颈的僵紧（图 7-4）。

图 7-4　大猫式

大猫式基本要点如下。

（1）跪姿进入，大小腿呈 90°。

（2）双手向前延伸，与肩同宽。

（3）下巴放在垫子上，腋窝舒展，胸腔尽量向下沉。

（4）保持后背延展，不要塌腰。

（5）可停留 30 秒，注意保持呼吸顺畅。

这个动作可以很好地伸展背部，缓解肩颈紧张，提高背部柔韧性，舒展胸腔，灵活脊柱，改善血液循环，从而达到修复身体和放松的效果。熟练了之后，也可以慢慢地加深幅度。

## （三）睡天鹅式

睡天鹅式基本要点如下。

（1）从猫式进入。

（2）将左小腿送到两手之间，根据个人情况调整小腿的角度。

（3）保持骨盆端正。

（4）保持呼吸，延展脊椎。

（5）30 秒后慢慢收回，换另一侧练习。

这个动作能有效地放松臀部僵硬的肌肉，舒展梨状肌。通过调整前腿的角度，不同程度的练习者都可以找到充分拉伸的感觉。此外，这个体式还可以缓解情绪，释放内心积聚的负面情绪，带来平静的感觉，睡前练习可以起到安神助眠的作用（图 7-5）。

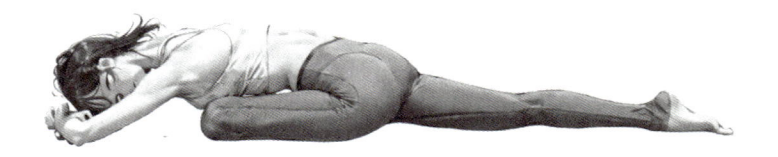

图 7-5　睡天鹅式

## （四）坐角式

坐角式基本要点如下。

（1）坐直，双腿向两侧打开。

（2）双脚朝外，脚后跟向远蹬。

（3）身体前倾，手肘着地。

（4）保持 1 分钟，然后缓慢还原。

如果发现自己无法前倾，也可以双手撑地，只要有拉伸感即可。这个体式可以舒展腿部经络，温和地打开髋关节，帮助拉伸大腿内侧的韧带，美化腿部线条，促进盆骨区的血液循环。这是睡前必练的一个体式（图 7-6）。

图 7-6　坐角式

## （五）仰卧扭转式

仰卧扭转式基本要点如下。

（1）仰卧，双臂张开，紧贴地面。

（2）吸气，抬双膝，大小腿呈 90°。

（3）呼气，双膝左转贴地。

（4）保持肩膀贴地，头部向右转，右耳贴地。

（5）保持 5 个呼吸。

（6）换另一侧练习。

这个体式可以伸展脊椎和肩部，强化下背部的力量，从而有效减轻下背部疼痛和坐骨神经痛。同时，它也可以刺激消化系统，增加脊柱的柔韧性，对缓解压力和疲劳、促进身体放松非常有效（图 7-7）。

图 7-7　仰卧扭转式

## （六）被动按摩法

除此之外，按摩也是一种经过时间检验的放松方法，可以帮助身体、心理和睡眠恢复平衡。特别是长期久坐的上班族，身体通常非常僵紧，可以通过精油按摩来达到深层放松的效果，这也成为众多美容院、理疗馆的畅销项目。如果可以掌握一些辅助放松的小工具，就会更容易形成习惯并且坚持下来。

### 1. 泡沫轴法

首先推荐的是泡沫轴，它是运动按摩界的"不求人"工具（图 7-8）。睡前使用泡沫轴放松，可以有效放松僵紧的肌肉，它的主要原理是利用身体自重来进行放松。你只需要将需要放松的部位放在泡沫轴上,通过身体的重量施加压力即可。泡沫轴法可以选用静态或者动态的方式进行放松。

静态法:将泡沫轴放置在需要放松的肌肉上,慢慢滚动到最敏感的痛点位置,停留 30—60 秒,直到疼痛程度降低后,再换到另一个痛点。

动态法:将需要进行放松的肌肉置于泡沫轴上,利用自身体重反复在泡沫轴上来回滚动 10—15 次。

使用泡沫轴放松能够加速肌肉恢复,降低紧张感和疲劳感。对于长期久坐的上班族来说,这种方法非常简单有效。

图 7-8　泡沫轴法

## 2. 擀面杖法

还有一个非常简单有效的放松工具,那就是擀面杖。没错,就是家中最常见的擀面杖(图 7-9)。除了制作美食外,擀面杖也可以作为我们随身携带的健身器材。

将一根中等长度的擀面杖放在地上，然后，用脚掌来回搓动，开始的时候会有些酸胀感，你可以根据自己的承受能力来调整踩的力度，直至脚底发热为止。每只脚搓踩约5—10分钟。站着的力道会稍微大一些，你也可以选择坐着，用双脚一起搓。

足底集中了身体的反射区，承重最多，却常常被我们忽略。通过擀面杖放松足底的反射区，实际上也能起到放松全身的作用，这相当于给足底进行了一个被动按摩。如果你有泡脚的习惯，可以在泡脚之后搓踩，也可以起到很好的舒眠效果。

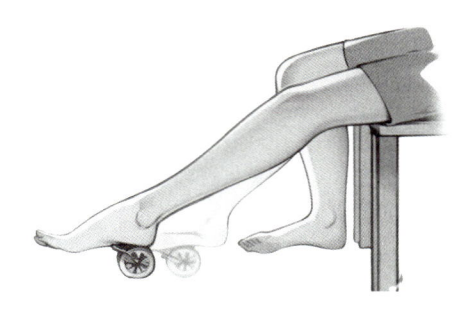

**图 7-9　擀面杖法**

这些舒眠动作不仅可以帮助我们实现良好的睡眠，还可以为我们提供一个和身体对话的机会。通过全然接纳自己的每一种状态、每一个当下，让身体不断自我修复、进而快速恢复活力。

习惯能造就第二天性。

——亚里士多德

# 第八章
CHAPTER 8

# 习惯管理

——意志力告急，我为什么总是半途而废？

今今走进了精力管理学院,像往常一样习惯性地走到了二楼,来到平常上课的教室,却发现班上全是新面孔。

她抱歉地举手:"不好意思,习惯了,习惯带我到这了。"

老师笑笑说:"'习惯'在楼上。"

今今来到楼上的教室,发现门上赫然写着4个大字——"习惯管理"。

老师已经开始上课:"我们之前讲了饮食、体能、睡眠……对于精力管理,大家已经有了一定的认知和理解,关键是大家回去后能坚持执行吗?"

没有人出声。

老师看向门口的今今:"你说。"

今今吐吐舌头:"我?够呛。我从小到大,立过无数次目标,却从来没有实现过。"

老师接着说:"所以,有一样管理最为关键。如果没有它,其他的都是空中楼阁,那就是习惯管理。"

## 一　习惯塑造：自律行为的关键

今分好奇地问:"习惯还需要管理?"

老师说:"当然,大家可以想想自己每天早上都是怎么过的?"

今分有点儿不好意思地说:"睁开眼睛后,我会在床上再赖一会,玩一会手机,看看有什么新八卦。时间差不多了,再匆匆忙忙地赶着出门,在门口买了快餐,边走边吃。如果正好碰上早高峰,就赶紧挤上一辆车,晃晃悠悠地到了公司。如果没迟到就是万幸,然后就赶紧在洗手间匆匆整理一下。"

"你呢?"老师问身边的助教小明。

小明说:"我每天5点起床,花5分钟做早餐,阅读30分钟,运动40分钟。运动时我会顺便听听今天的新闻。运动完后,洗漱一下,刚好可以吃早餐。吃完早餐后就出门上班。因为早出门,车上人较少,我还可以顺便回复一下昨晚收到的消息……"

"大家注意到了吗？小明每天都是第一个到教室的，还为大家准备好了教材。每次看到他都是精力满满、神采奕奕的状态。这种习惯在职场上是很加分的。"

老师接着说："两位小伙伴为大家提供了很好的案例。我们每个人都是由不同的习惯塑造而成的。你是习惯早睡还是熬夜？你是习惯运动还是躺平？你闲暇时间是习惯阅读还是打游戏……可以说，习惯造就了人与人之间的差别。"

## 1. 大脑天性

每年年初，大家都会列出一些计划。一年读 100 本书、减掉 20 斤体重、练出马甲线等。结果年年都不了了之，明年翻出来再用一次，还像新的一样。于是，大家逐渐开始产生自我怀疑，觉得自己永远都无法改变。

可身边也会有一类人，他们总是可以按时甚至提前完成目标，并且工作效率非常高。他们每天保持健身、阅读，兴趣广泛，还有多余的时间参加社会公益活动，事事妥帖，工作生活两不误。他们拥有异于常人的能力吗？

并不是。他们只是懂得习惯管理的窍门，或者说，他们更懂得大脑的工作习惯。

许多人会觉得大脑天生是勤奋的,这其实是对大脑的误解。可以毫不夸张地说,大脑天生懒惰、喜欢随大流,且禁不住诱惑。

这和大脑的高能耗不无关系。大脑只占体重的 2%,却要消耗人体 20% 的能量,是人身上最耗能的器官。所以,大脑会尽可能地储存能量、选择省电模式,比如设定一些固定的自动化的处理模式,尽量减少能量消耗。

想象一下,如果你每天从睁开眼睛开始,就要重新思考每件事情怎么做,那么大脑很快就会罢工了。因此,大脑需要找到更高效的模式,让一切尽可能"自动化处理"。我们以为每一天做的每一个决定都是自主选择的结果,但实际上,这都是由我们的习惯决定的。

## 2. 意志力是奢侈品

*兮兮恍然大悟:"我发现自己之前难以坚持的原因是把自己逼得太急了。我还一直以为是自己意志力不够。"*

大家常会说,"因为没有意志力,所以无法自我管理""因为没有意志力,所以无法实现自己的目标"……大家常常误会自律行为的关键靠意志力,把意志力当成灵丹妙药,殊不知意志力是奢侈品，经不起挥霍，只靠那点微薄的意志力是不足以支撑我们的日常生活的。

或许，你早上休息好了，意志力满满，充满斗志，可到了晚上，意志力告急，计划就会宣告失败。许多因素，如努力程度、感知难度、精神状态、血糖水平等，都会影响我们的意志力。

然而，一旦习惯形成，整个过程就会变得简单，我们不需要过多依赖意志力，习惯也会自动运转、自动循环，这才是自律行为的关键。

就像一颗卫星在升入太空前，必然经历过一段漫长的准备期，但当它冲破大气层，摆脱地球引力的束缚后，剩下的就是在既定的轨道上井然有序地运行。任何习惯的养成都会遵循这一规律。

混一天日子，摸一天鱼，吃一顿不健康的饭，好像毫无影响，但是岁月有功，人和人的差距就在每天日复一日的习惯中被不知不觉地拉开了，最终大到让人难以想象。

大家可以猜猜看，每天进步 1% 和每天退步 1%，一年后的差距会有多大？

$(1+1\%)^{365} \approx 37.7834$

$(1-1\%)^{365} \approx 0.02551$

二者相差 1481.1 倍。当然，这不过是个数字，未必符合人的实际变化规律，但这足以看出时间复利发挥的作用。习惯是可以被不断调整和优化的。人可以管理习惯，习惯也在塑造着我们。

今天的你是哪个 1% 呢？

> 习惯对我们的生活有巨大的影响，因为它是一贯的。它在不知不觉中，经年累月影响着我们的品德，暴露出我们的本性，左右着我们的成败。"
>
> ——亚里士多德

## 二 习惯设计：让小白也能拥有高手思维

### 1. 习惯养成步骤

美国心理学家爱德华·桑代克（Edward Thorndike）曾进行过一项实验，他给猫咪设计了一个"密室脱逃"装置，从中发现了习惯的理论基础。实验中，桑代克将猫咪放进一个密闭的黑箱里，箱子中有一根杠杆，只需拨开它，就能打开箱子。猫咪开始寻找出口，很快，有只猫咪不小心拨开了杠杆，成功逃出。

通过多次实验，桑代克发现，猫咪找到拨开杠杆的方法后，它会重复使用这个方法。无论把猫咪放进哪个箱子里，它都会第一时间去找杠杆。一旦猫咪发现了解决问题的方法，并不断重复使用，这个行为就形成了它的习惯。

在习惯形成过程中，暗示、惯常行为和奖赏三者缺一不可。

首先，你会接收到一个来自外部"暗示"，让大脑进入某种自动行为模式，并决定使用哪种习惯。

例如，在睡眠管理中，我们已经建立了一整套睡眠习惯。晚上 9:30，闹钟铃响提示，"刷牙→洗脸→泡脚"这套流程就会自动化运作。

这就是第二部分——惯常行为。不需要太多意识参与就能完成。

当你做完这一系列的动作之后，感觉口气清新、皮肤滋润、身体放松，这一系列身体感受形成了第三部分：奖赏。

当你做了惯常行为并获得了奖赏，大脑就会把这三个部分更牢固地联结在一起，强化这个回路。

这个由"暗示、惯常行为、奖赏"组成的回路通过重复执行，会越来越自动化，让暗示线索和奖赏交织在一起，一个习惯就诞生了。一旦习惯养成，这个自动化的模式就非常牢固。

## 2. 弱化习惯回路

习惯回路之所以如此坚固，是因为有所期待。我们期待得到相应的奖励，很多时候期待的力量甚至超过了真实的奖赏。同时，由于旧习惯的神经回路非常强大，想要强行改变并不容易，旧习惯也不会"坐以待毙"，会反过来影响新习惯的养成，使你被一下子"打回原形"。所以，想要建立一条新的回路，需要一定的时间和适当的方式、方法。

当暗示出现，我们做了惯常行为之后，大脑就会分泌出多巴胺，我们会感到非常雀跃。如果这个奖励没有出现，我们就会感到失落，想要获得的意愿反而更加强大。

假设我们想改掉一个习惯，如果强行制止，反而会强化了原来的习惯。比如兮兮想减肥，如果采用极端的节食方式，通常会引发反弹，甚至导致新一轮的暴饮暴食。相比之下，如果采用更健康、温和的方式来逐渐替代，大脑会更容易适应和接受，并逐渐形成新的习惯回路。

正如鲁迅先生所说，"地上本无路，走的人多了，也便成了路。"这句话同样适用于习惯的养成。

起初，习惯并不存在，但随着重复行为次数的增加，大脑中会形成一条无须思考、自动运行的路径。要想削弱这个习惯回路，我们只能开辟一条新的道路。新路走得多了，老路也就渐渐被忘却了。

### 3. 提示：习惯养成的关键

你多久刷一次手机？十分钟没刷会不会觉得错过了全世界？是不是很难想象没有手机的日子？

研究发现，不只是看手机，只要手机在视线范围内都会让我们的注意力下降。

人们常说"眼不见心不烦"，其实，不是事情消失了，而是提示消失了。

本来想不起刷手机，可是看到了手机，手就"痒"了。本来想不起吃零食，可是看到了零食，就开始分泌唾液，这都是提示的结果。

> 兮兮说："我想培养运动的习惯，在健身房办了张年卡，但每次临出门时，才开始找衣服、找袜子、搭鞋子。找着找着就觉得累了，时间也快到了，算了，干脆明天再去吧。明天又是如此，最后总共只去了5次，第5次的时候，健身房倒闭了，然后就没有然后了。"

你有没有发现，我们常常只给好习惯准备很少、很简单的提示物，而坏习惯却会面临无数的诱惑和提醒。视听嗅味触五感通通都能产生提示作用。所以，我们要学会为好习惯设置更多的提示物，让它们更容易形成。比如，兮兮想建立运动习惯，可以尝试以下 4 种提示方法。

（1）日常提示。比如气味、时间、地点等都可以作为提示物，以减少我们在执行过程当中的各种纠结，促进习惯的养成。

我们可以将运动服、装备、水等物品放在显眼的位置，随时提醒自己，减少纠结的过程。此外，我们还可以在每天的行动路线上放置一些明显的提示物，提醒自己在哪个时间、地点该进行运动，这样运动发生的概率就会大大增加。

（2）视觉提示。如打印运动清单、绘制每日运动表格、粘贴偶像图片等，通过视觉刺激来进行提示，可以让运动计划更加直观、明确。

（3）听觉提示。例如设置铃声、播放音乐、使用计时器等，提醒自己运动时间到了。

（4）社交提示。例如让好友、教练、运动搭档等提醒自己去运动。

此外，我们还可以根据自己想培养的习惯，设计各种不同的提示方法，让提示成为习惯的保障。这样不仅能减少意志力的损耗，还能增加行为实现的可能性。

> 天下难事，必作于易；天下大事，必作于细。"
>
> ——老子

## 三　习惯养成：复杂事情简单化

我们建立习惯经常失败的原因是：头脑发热，一时冲动，然后就一蹶不振，很长一段时间内都无法再次启动。这样三天打鱼两天晒网的行为，很难养成实际的习惯。

### 1. 设定习惯：把计划写下来

英国的一项运动习惯研究，将受试者分成了三组，第一组人只需要记录运动时间，第二组人除了记录运动时间之外，还要理解运动对健康的好处，第三组人则需要先制订实施计划。你可以猜一猜，哪一组完成运动的比例比较高？

或许你猜到了，答案是第三组，也就是写下实施计划的这一组，其完成率达到了91%。第一组完成率仅为38%，但他们不是最低的。第二组的完成率最低，仅为35%。

这是一个有趣的发现。正如我们虽然知道许多事情对身体有益，但从来没有去做一样，大脑更容易接受具体的实施计划。当你与自己达成约定时，就更有动力去实现它，并大大提高计划的完成率。

所以，请把计划写下来。明确设定习惯行为，会让该习惯变得更加真切。大脑会认为这是顺理成章的事，并在日程表中为这个事情预留时间。

举个例子，如果你想建立的习惯是"我要运动"，这就太过模糊，很难落实到具体行动中。所以，最好把这个习惯具体化，可以参考之前提到的SMRAT原则确定具体的行动时间、地点、实施方式等细节，这样大脑会更容易接受。最好将它们写下来，这就相当于给自己制订了一个具体的实施计划。

兮兮试着写下自己的实施计划，一口气写了七八条。

"你能做到吗？"

兮兮说："状态好的时候应该可以，状态不好可能就……够呛。"

这就像不少人的计划一样，平常一年也看不了一本书，心血来潮，就决定一年看 100 本书；平常一年赚 3 万，却计划一年赚 100 万，心存高远固然是好事，但目标与实际差距较大时，反而会感到无从下手，计划往往无疾而终。

## 2. 善用微习惯：把习惯变成仪式

所以，我们要如何有效养成习惯呢？

回到兮兮运动的例子，大家觉得一周拿出一天运动 7 小时，或者每周每天运动一小时，哪个更容易养成运动习惯？

显而易见，更容易执行、频率更高的方案更有可能养成习惯。习惯建立的过程，就像肌肉需要训练一样，如果你只能负荷 10 千克，却非要给自己加上 100 千克的东西，那只会把自己压垮。所以，慢慢来，从易、从细，先开头，让"习惯肌肉"逐渐建立起来。

假如我们把习惯看成自动化生产线，那么这条生产线上的每一个步骤都不会太过庞大，它们都是小而简单的。这样的设计让生产线变得易于实现和监控。同样的，培养习惯也是如此，动作不要设计得太难、太大，要小而稳定。

兮兮似懂非懂："就像现在很流行的微习惯吗？"

心理学家斯蒂芬·盖斯（Stephen Guise）提出"微习惯"这个概念，认为通过建立微小但持续的习惯，人们可以逐渐塑造自己的行为模式，改变自己的生活方式。"微习惯"将习惯缩小到不可思议的步骤，被称为不可能失败的习惯。

例如，每天做 100 个俯卧撑容易失败，每天做 1 个俯卧撑总不容易失败吧？每天看一本书容易失败，每天看一行总不容易失败吧？

万事开头难是因为人的大脑需要消耗一定的意志力才能启动。微习惯让大脑几乎察觉不到自己在消耗意志力，这样我们就可以解决在习惯养成过程中意志力不足的问题。可以想象，跳一次绳、做一个俯卧撑有多简单。这样做的好处是，大脑会逐渐适应和接受这个小而稳定的行为，并形成习惯化的记忆。

所以，微习惯最主要的作用就是尽可能地让开头不难，或者说，它更像是一种启动仪式，让习惯可以顺畅地运转起来。

## 3.弹性习惯：更灵活的养成策略

> 今今问道："每天都做一样的事会不会太无聊了？如果今天的状态还可以，可不可以多做几个？"

当然，从人的动力角度来说，太难的事做起来没有动力，太简单的事做起来又没有意思。那如何让这个习惯更有意思呢？那就需要找到保持动力和达到最大欲望之间的最佳通道。

为了解决这个问题，盖斯提出可以将弹性习惯作为微习惯的升级版，这样既不会失去微习惯的好处，同时也能增加更多灵活性。

假设，兮兮想要通过运动塑型，她根据自己的意愿选择了瑜伽、游泳、跑步三项，然后，为每个选择设定三个横向选项，分别是普通、略好、优秀。

以瑜伽这项为例，设定普通级别就相当于选择微习惯，可以毫不费力地完成。如果还觉得吃力，难以完成就说明这个习惯还不够小，可以将它调整得更小一些。因此，兮兮选择了将每天拉伸一分钟作为普通级别，确保自己可以更轻松地完成。

略好级别，属于跳一跳就能实现的高度，可以给人带来小小的成就感。兮兮选择做 15 分钟的平衡体式。

优秀级别，相当一个挑战，完成后能够获得巨大的成就感。兮兮选择做需要体力和耐力的 60 分钟流瑜伽体式。

这个过程充满了弹性，每个人都可以根据自己的状态和时间进行选择。太忙的时候，你可以选择完成毫无压力的普通级别的任务；时间充裕，状态满分时你可以挑战一下自己，选择优秀级别的项目。只要完成其中任何一个级别，就算达到目标。你可以赋予习惯更加灵活和多元化的评价体系。

## 4. 习惯叠加：模块化的养成术

习惯不是单独存在的，每一个习惯就像是积木，层层叠加、环环相扣，最终会形成完整的习惯体系。

比如，兮兮想运动，但是又觉得使用跑步机很单调、无聊，于是她尝试在原来看综艺节目时顺便用跑步机，将新动作加到旧习惯中，慢慢地，跑步就变成了习惯的一部分，综艺节目变成了奖励的一部分。这就是对自己原本的习惯进行叠加，让旧行为和新习惯结合在一起，以旧带新的方式，逐渐建立并巩固新习惯。

再比如，洗脸步骤为"使用卸妆液→洗面奶→爽肤水→精华液→面霜"。一系列动作完成下来，不会错，也不会忘。我们每天的行为都是由这样一连串的惯性动作链组成的。这样的惯性动作链可以减少养成习惯的压力，降低切换习惯的启动成本。

需要注意的是，如果想要在这一组积木里面加入新的积木，就要先想好和哪块放在一起更合适。两个绑定的习惯最好有关联性，简单易行，这样会更易坚持。

> 请为自己的每一步小小的成功而感动，并把它当作动力，更加努力的工作。"
>
> ——稻盛和夫

## 四 行为反馈，让习惯回路有始有终

有没有发现，养成坏习惯比养成好习惯容易得多。许多坏习惯都有一个共同特点：伴随着即时的奖励。

为什么玩游戏容易令人沉迷呢？这是因为在游戏中，你的每一个动作都会有及时的反应，声音的刺激、场景的转换、装备的升级、分数的改变等。这会让你一直保持在兴奋状态。

相对而言，好习惯通常需要很长时间才能得到奖励，例如，写作业、练琴、背单词，要等到很久以后，你的努力才能看到成果，才能收获奖励。

这其中的关键因素就是：反馈。

反馈是习惯养成的必要步骤，习惯之所以能形成闭环，就是因为动作和奖励之间的紧密联系，如果时间间隔太长，联系就会弱化。所以，在动作出现之后，就需要及时提供强化物。这个强化物可以来自自我，也可以来自他人。只有通过不断地认可和反馈，才能持续地激励行动。

## 1. 庆祝小胜

奖励是一种正面的激励，能增加行为被重复的可能性。大脑是需要奖励的，如果感觉到太难、太苦，那它也是会罢工的，所以，别让自己感觉太过辛苦。反之，庆祝小胜的方式更加有效。

当我们在完成某个行为后给自己一个小小的奖励时，大脑会随即释放出让人感觉愉快的多巴胺，于是，多巴胺会将该行为所对应的神经元联系在一起，从而增加我们重复该行为的可能性。奖励越快出现，就越容易与行为绑在一起，你就越容易养成习惯。这个小奖励不一定是奖金，也有可能是赞美，或者是身体出汗之后的良好感受。

我们也可以设计其他形式的奖励方式，例如，番茄钟法就是通过定时休息来奖励自己，中场休息吃一块巧克力也是一个及时安抚的方式。在你想要养成习惯的行为中建立这样的机制。关键在于，要从小处着手，鼓励进步，庆祝小胜。当然，奖励必须在预期行为完成后才能发挥最大的功效。比如"先吃大餐，再写论文"，效果就没有"先写论文，再吃大餐"来得好。

## 2. 公开承诺

做事时，我们常常给自己找各种各样的理由拖延，但当有其他人参与进来时，这件事完成的概率会更高。因为人们往往更在意别人对自己的看法，所以如果你公开承诺，就会更有动力去坚持自己的承诺。

你可以在朋友圈或你关注的群里宣布，你在……（时间）要做……（事情），如果没完成就会……（惩罚）。

试试看，这个方法非常有效。

## 3. 团队力量

团队对于新习惯的培养很有帮助。我们可以与志同道合的朋友建立团队，共同培养新的习惯。在这个过程中，大家可以相互激励、相互监督、彼此提醒。

例如，几个朋友可以成立一个小组，列出各自想要实现的计划和目标，提前设定奖惩机制，大家相互监督。此外，还可以加入一些运动打卡群、读书写作打卡群等，通过约束性纪律和团体激励来促进新习惯的养成。

> 兮兮说："对我来说最有效的方式是，如果没完成就发红包。"

发红包也是一种常见的激励方式，当然，也不局限于此，我们可以根据自己的情况和需要，发挥创意，选择最适合自己的方式进行激励。

### 4. 习惯记录

最后，我们可以记录下习惯执行情况，有记录才利于分析，不然，所谓的改善只不过是一厢情愿的自我满足。行为不过是最后的果，透过对结果的分析，找到因才是关键。只要目标不变，行为是可以调整的。

如果习惯是可行、可量化和可评估的，那么记录可以帮助我们思考，为什么今天没有完成任务、遇到了哪些障碍、流程中哪一环出了问题等。

我们也可以采用视觉化的方式进行记录，因为视觉化的方式是最直接的，可以让我们感受到量的变化和成就感。比如小朋友完成任务得到一个贴贴，会非常开心，积极性也会大大提高。这也是我们一开始习惯养成的基本方法：通过有仪式感的打卡动作来记录习惯，实现闭环。这样的仪式行为有助于巩固这个习惯。

### 5. 习惯养成时间

我们常常听说养成一个习惯需要 21 天，但这并不准确。

不同习惯、不同人所需要的时间是不一样的。

在一项试验中，研究人员让 96 名参与者每天重复一项与健康相关的活动，比如 100 个仰卧起坐、80 个俯卧撑、30 分钟的跑步等，坚持了 21 天的 4 倍——84 天。

大多数人在第 66 天就形成了这些习惯，然而，也有一部分人到了第 85 天时，依然没有想去做这些运动的欲望。研究人员表示，有些习惯可能需要在第 254 天才能达到自动化。

总的来说，简单的行为习惯，如记账可能只需要一个月就能养成习惯，但身体习惯如早起，可能需要三个月甚至更久。平均而言，养成一个习惯需要 66 天。

研究也显示，偶尔漏掉一两天，对于养成习惯并没有太大的影响，只要隔天再继续执行，就能保持之前的进展。此外，也不需要因为漏了一天就做双倍来惩罚自己。长期来看，这么做只会增加压力，反而更容易导致放弃。

### 6. 习惯调整

在习惯养成的过程中，常常会遇到各种意外，就像取经之路上总有妖魔鬼怪在阻拦，这再正常不过了。比如，你正在坚持执行健康饮食 100 天习惯养成计划，在这 100 天里可能会有公司聚会、朋友生日、宵夜邀约等各种突发状况，又或者出差、疲惫、事情多的时候，总是很难坚持，这个时候如果停下来了，习惯养成就更难了。所以，最好可以用视觉化的方式把你的目标写下来、画出来、贴起来，放在你平时容易看得到的地方，越醒目越好。

为了避免某次行动的失败导致计划全盘失败，你可以预留好弹性空间，提前制定应急预案，用"如果……就……"的方式为自己制定替代方案。比如，如果今天吃了宵夜，那明天就多走半个小时。如果明天下雨，就在室内跳绳。

这样你会感到计划并没有中断，只是做了一些小小的调整，这种心理感受对于习惯的坚持也是非常重要的。

天气不好就在室内运动，身体不好就进行轻微运动，时间紧张就适当缩短时间等。应急方案的功能就是应对生活中不可避免的突发状况，让你减少纠结，降低因计划被打乱而产生的内疚之情。当你身体逐渐适应，不运动时反而会感到怅然若失，这时你就不会再经常找借口，运动习惯也就真正养成了。

### 7. 习惯优化

当然，习惯的建立并不是一蹴而就的，也需要不断的优化。

十岁时养成的习惯适用于当时的环境和情况，但对 30 岁的人来说可能就不合时宜了。当婚姻状况、家庭状况、职业情况等状态发生变化时，养成的习惯也需要不断变化和调整。所以，这也需要我们不断地去审视、调整自己的习惯，拥有保持动态调整的状态和不断优化习惯的能力。

例如，十年前，晚上你要陪客户吃饭，要喝酒应酬，但现在大家更关注健康，你可以选择一个更健康的应酬方式，比如说陪客户运动，既能维系关系，又利于健康。

再比如，过去你总是最后一分钟才赶到公司，虽然没有迟到，可是每次都狼狈不堪；现在，你可以做些优化，调整一下顺序，提早出门，错开高峰期。这样，人也不多，你可以抽空看会书，到了公司之后，再进行仪容整理，调整一下完成事项的前后顺序，你的状态就会更优雅、从容。

没有完美的习惯，但一定有更适合你当前状态的习惯。只要掌握了习惯管理的方法，你就可以更好地掌控自己的精力。

习惯不会消亡，但可以被替代，因此，我们要经常审视和反馈。通过习惯管理，让每个小板块自动运作，你会发现整个人的状态会有很大的提升。

只要掌握了方法，有一天，你会发现，以前觉得很难的事情并没有那么难。

你会发现，越自由，越自律；越自律，越自由。

## 后　记

聚会中，大家最爱问："时间都去哪了？"

常有人会接："问这个问题时，你已经失去了它。"

这个回答现实而又残酷。

对流逝的感叹，对选择的懊恼，对现状的不甘，这些几乎都是永恒的话题。

我们会发现，不论如何管理，都一样会有困扰，鸡飞狗跳，状况迭出，这原本就是生活的常态。

人生就像一场修行，在志得意满之时，考验会出现，看看此时是给你降级、留级，还是升级，如此循环，学无止境。

本书也是在这样的考验下完成的。新角色，新身份，新状况，内外交织，分身乏术，唯有在凌晨三点夜深人静时，才能挤出片刻完全属于自己的时光奋笔疾书。

在此，我要感谢所有支持我的亲朋好友、编辑老师，以及可爱的希希，你们的支持是我最大的动力。

希望本书能起到抛砖引玉的作用，在大家需要调整精力状态时能给大家提供一些实用的设计思路，让大家设计出更适合自己的应对方案。

精力管理并不是万灵丹,所以也无法一吃就灵、一蹴而就。它更像是一种可以让你更加从容的生活态度,一种进可攻退可守的生活弹性,一种知道自己可以迎战的生活底气。这些都需要长期训练才能获得。

好消息是,你并不孤单,我们一直在路上。

与君共勉。